CALORIA
LIMITADA

Ligia Azevedo

CALORIA LIMITADA

RECEITAS DE SPA

6ª EDIÇÃO

EDITORA RECORD
RIO DE JANEIRO • SÃO PAULO
2005

CIP-Brasil. Catalogação-na-fonte
Sindicato Nacional dos Editores de Livros, RJ.

Azevedo, Ligia
A987c   Caloria limitada: receitas de spa / Ligia
6ª ed.   Azevedo. – 6ª ed. – Rio de Janeiro: Record,
2005.

     1. Dieta de baixa caloria – Receitas. I.
Título.

97-1773
                 CDD – 641.5635
                 CDU – 641.563

Agradecimentos:
ÉCIO CORDEIRO DE MELLO – Produção da capa
PAULO JABOR – Foto da capa
TETÊ NUNES – Maquiadora

Direitos exclusivos desta edição reservados pela
DISTRIBUIDORA RECORD DE SERVIÇOS DE IMPRENSA S.A.
Rua Argentina 171 – Rio de Janeiro, RJ – 20921-380 – Tel.: 2585-2000

Impresso no Brasil

ISBN 85-01-05085-7

PEDIDOS PELO REEMBOLSO POSTAL
Caixa Postal 23.052
Rio de Janeiro, RJ – 20922-970

EDITORA AFILIADA

*Dedico este livro a uma outra
Lygia, mãe e amiga.
Mulher extraordinária, com mãos
fortes que me apóiam até hoje.*

Obrigada, Dinda!

Sumário

caloria limitada

caloria limitada

caloria limitada

PREFÁCIO

Sou filha de pai diabético e mãe vaidosa, o que me fez adquirir um certo *know-how* em matéria de regime.

Mas a falta de criatividade das donas de casa, a má vontade das cozinheiras (reprimidas no seu hábito ancestral de exagerar no tempero) e a ausência de sucedâneos do açúcar que fossem também agradáveis ao paladar faziam dos regimes daquela época uma série de refeições insípidas que se repetiam à mesa da minha infância, transformando a palavra "dieta" em sinônimo de penitência e em substituta dos espartilhos que tanto haviam massacrado, outrora, as delicadas cinturas de nossas avós.

Aproveitando-se da falha de um mercado que ainda desprezava a dieta como indústria, relegando-a a uma eterna tortura, surgia uma infinidade de teorias infundadas, como *Calorias não engordam* (que tinha o desenho de um bolo de chocolate na capa do livro), seguida por várias outras que, devido à carência dos dieteiros daquele tempo, imediatamente se convertiam num ovo de Colombo ou em milagrosos best sellers, que iam, no entanto, sucumbindo a cada novo lançamento, na tentativa sempre frustrada de livrar a todos do inferno cotidiano da dieta.

Era fácil de se entender tal sucesso. Pois como é que eu, por exemplo, legítima representante da geração Coca-Cola, poderia me contentar com Tab ou trocar os "casadinhos" de doce de leite da Colombo por qualquer tentativa de se adoçar a vida com sacarina?

Os mais radicais costumavam mesmo se trancafiar em clínicas inexpugnáveis que, além de administrar-lhes jejum, ainda prescreviam inibidores de apetite, como os hospícios de antigamente impunham a camisa-de-força aos seus loucos.

E foi com esse espírito de sacrifício (herdado certamente do Colégio Sion) que eu, que nunca na vida fui gorda, passei por essa espécie de via-sacra espontânea, perseguindo a forma ideal, até me inscrever no *spa* da Ligia Azevedo, como um soldado que, aceitando humildemente o seu destino, se alista na guerra. E tal um condenado à morte que subitamente vê rescindida a sua pena, surpreendi-me diante do primeiro suflê de queijo, dos molhos de iogurte das saladas ou das gelatinas cremosas de sobremesa.

Onde estariam as indefectíveis carnes grelhadas e as alfaces ao suco de limão?

Tinham ficado pra trás junto com as clínicas e os hospícios, pois a Ligia percebera, através de sua longa experiência de vida, que disciplina, ao contrário do que se pregara até então, não está irremediavelmente associada à palavra "férrea", mas, segundo o Bhagwan Rajneesh, é "a quantidade de amor que cada um se dedica por dia". Aliando esta máxima à química harmoniosa de uma alimentação balanceada, fruto do seu contínuo estudo sobre nutrição, a agradáveis exercícios ao ar livre e ao que o mercado dietético de hoje em dia oferece de mais moderno, pronto: ela havia realmente descoberto o ovo de Colombo.

Pois a sabedoria é importante. Mas o milagre só se realiza através do amor. Palavra de especialista!

MARIA LUCIA DAHL

PREFÁCIO À SEGUNDA EDIÇÃO

Em março de 1995 lancei a primeira edição de *Caloria limitada — receitas de spa* sem nenhuma pretensão de que este livro virasse um best seller. E tinha razão. De fato, não virou, mas mudou a vida de muita gente. Os seis mil exemplares estavam esgotados e eu continuava recebendo solicitações do Brasil todo. Os meus clientes são os meus maiores e melhores divulgadores. Chegam em casa felizes depois de alguns dias cuidando da saúde, da beleza e principalmente da cabeça, e responsabilizam a dieta do *spa* com receitas que não parecem de regime, e é isso que todos querem, emagrecer sem sacrifício. E a partir de então *Caloria limitada* é o livro mais consultado na biblioteca caseira.

Alguns me dizem que o colocam na mesa-de-cabeceira. Acredito meio desacreditando mas, com certeza, por algum tempo ele fica o mais perto possível, fazendo o papel de consciência.

O que tenho testemunhado com freqüência, visitando amigos, é que nas suas cozinhas é certo encontrá-lo. Sou a musa inspiradora das cozinheiras que me recebem sempre com muita intimidade, o que se justifica, pois afinal elas me manuseiam quase todos os dias. Antes de discutir alguns detalhes das receitas elas sempre elogiam o meu novo cabelo ou dizem preferir o cabelo crespinho da foto da capa da primeira edição. Acham que eu sou mais bonita pessoalmente e passam a acreditar mais ainda nas receitas quando afirmo que me mantenho sempre no peso ideal porque 80% do que como são as receitas dos cardápios.

Nunca pude imaginar que ao entrar no mundo da gastronomia a minha relação com as pessoas fosse tomar um rumo tão diferente. Antes, quando eu só era professora de ginástica, e isso é compreensível, todos se aproximavam de mim para pedir conselhos sobre o melhor exercício para isso ou para aquilo: "Estou fora de forma", "tenho preguiça", "não tenho tempo", "será que em um mês eu fico igual a você?", e ia por aí, sem aprofundar muito o papo. Com a comida é diferente. Não é só a vaidade que conta. Mexe-se, na verdade, com as culpas e os medos, motivos principais que levam o ser humano à compulsão oral. Um livro de receitas que emagrecem pode ser a solução para sair daquela tristeza sutil que não nos abandona, quando nos olhamos no espelho e não gostamos do que vemos. Hoje eu represento diferentes papéis para as pessoas. Sou a esperança, sou a cobrança, sou a carrasca, sou a salvadora. Depende do resultado que obtiveram em relação ao meu livro.

Todos os meus amigos antes de qualquer coisa meio que se confessam comigo. Se justificam por que engordaram. Elejo o estresse o maior culpado pelo desequilíbrio da balança, depois vêm os problemas familiares — o maior motivo das mulheres — e os problemas nos negócios — o dos homens. No final tudo é estresse mesmo.

Motivos objetivos como as doenças, por exemplo, não pesam tanto. Se fizermos um levantamento estatístico, os problemas endocrinológicos serão com certeza os últimos da lista.

Há treze anos lido com pessoas que despertaram para a vida e resolveram se cuidar. E neste processo a auto-estima é fundamental. O primeiro caminho a se explorar é através do corpo, porque efetivamente é o espelho da alma. É tão válido quanto qualquer outro processo psicanalítico para se começar na busca do autoconhecimento. Afinal, a comida é a válvula de escape que usamos para amenizar tristezas, perdas e frustrações. É o nosso corpo que mais sofre quando perdemos nossas referências e nos compensamos na gastronomia. Portanto, iniciar pelo corpo vai mudar a estrutura externa e inevitavelmente será uma mudança integral. Um processo que nos mostra a possibilidade de mudar é uma luz no final do túnel e a prova de que já não se está mais cego. Olha-se para dentro e lá está também uma luzinha junto com a esperança de ser feliz.

As dicas que estou inserindo nesta edição são um milionésimo das informações sobre nutrição que deveríamos ter aprendido na infância e que nos teriam feito pessoas mais saudáveis hoje. Ainda assim são importantes, sobretudo se cada adulto acordar para a importância de passá-las para um ou dois jovens. Uma juventude saudável é fundamental na construção de um mundo melhor.

Cuidar da alimentação é o primeiro passo para a harmonia do corpo e da mente, e comer tem que ser fonte de prazer e não de culpa.

LIGIA AZEVEDO

APRESENTAÇÃO

Nasci no mato, pé no chão. Cresci na natureza, como um pássaro livre. Era alegre, solta e feliz. Fui pobre. Não tive de fazer inglês, francês, piano ou tomar aulas de etiqueta. Estudei em escolas públicas. Ganhei bolsa para aprender *ballet*, disseram que eu tinha talento. Acabei sendo campeã, mas como atleta e não como bailarina.

Fui ginasta durante vinte anos. Campeã brasileira, viajei por todo o país e, representando o Brasil, cheguei à Europa. Entre 15 mil atletas, eu estava sempre nas páginas dos jornais e revistas: na Suíça, na Áustria ou na Holanda. Depois transformei meu *hobby* em profissão e, aos trinta anos, tornei-me professora de educação física. Vivi, e ainda vivo, cada experiência, procurando tirar dela sempre uma lição. Sou sagitariana, persistente, agitada, curiosa e desafiadora. Por tudo isto, acho que cheguei até aqui.

Fui radical em algumas épocas ou décadas da minha vida. Espartana por muito tempo, numa exigência neurótica de beleza e perfeição do corpo. Acabei pecando por excessos. Ora dedicando-me duramente a fazer exercícios, ora impondo-me dietas alimentares rigorosíssimas, com conseqüências desastrosas para a saúde.

Posso dizer com segurança que passei por várias fases até chegar aos cinqüenta anos. Carreguei muitas malas cheias de lágrimas, sorrisos e aprendizados. Juntei estas malas e tenho agora um baú cheíssimo de um tesouro imenso: minha vida.

Hoje sei que a supervalorização da imagem, quando toma um espaço desproporcional na vida das pessoas, não dá chance para o culto à alma e ao autoconhecimento das emoções. Entendo também que, para manter a beleza e a juventude, é preciso acima de tudo ter saúde.

Com o passar do tempo, aprendi que há uma íntima relação entre corpo, mente, emoção e espírito. Percebi, portanto, o quanto é importante buscar o equilíbrio e a harmonia entre estas várias dimensões do ser humano.

Descobri, principalmente, que as diferentes etapas da nossa vida são como as estações do ano. Cada um de nós terá a sua primavera, o seu verão, outono e inverno. Entretanto, é fundamental viver com plenitude uma a uma essas estações e saber equilibrar a criança, o adolescente, o adulto e o "sábio" presentes em todas elas, buscando desse modo a vitalidade do ser integral.

Descobri, ainda, e a tempo, que o que move a vida é o amor. Amor aos pais, aos irmãos, aos amigos e até inimigos, amor aos filhos e, acima de tudo, amor a Deus. E nesse contexto de amor, percebi também que é muito importante amar o trabalho. Fazer com paixão a tarefa nossa de cada dia.

Paixão, empenho, seriedade em tudo o que faço. Cada novo projeto, um projeto de vida, onde vou colhendo vitórias, sucessos, às vezes dificuldades, mas sempre novos aprendizados.

E assim tem sido ao longo de vários anos. Aprendendo sempre: observando, conversando, trocando experiências, buscando novas informações, no agito das academias ou na tranqüilidade dos *spas*.

Nesses verdadeiros laboratórios de experiência existencial pude aprender, lidando com milhares de pessoas, que o sonho confessado de emagrecer é, na verdade, o desejo de ser feliz.

Encontrar a felicidade, esta é a motivação maior de homens e mulheres, jovens ou "sábios" que procuram o *spa*. Durante anos de convivência com milhares de seres humanos, pude aprender que, embora cada um tenha a sua história, o seu sonho, o seu projeto de vida, todos estão ali tentando encontrar uma perfeita harmonia entre corpo, mente e espírito. Estão ali buscando mais saúde, mais beleza, maior equilíbrio interior, mais conhecimento, enfim, para que possam ser mais felizes.

Nesta dinâmica, a questão da comida surge forte. Muitas vezes é o centro das atenções. Ocupa grande parte das conversas. É motivo de tristeza, mas também de alegria. E não poderia ser diferente. Sabemos que a alimentação tem uma estreita relação com nosso desenvolvimento físico e afetivo. Não cabe aqui aprofundar essa questão, mas o que me parece fundamental explicitar é que "somos o que comemos".

Por isso, fiz *Caloria limitada — receitas de spa*. Ele reflete a minha convicção de que, mesmo quando precisamos fazer uma dieta, temos direito a uma alimentação sadia, que respeite as necessidades do organismo, a história e a cultura de cada um.

Caloria limitada — receitas de spa é a expressão mais fiel do meu conceito sobre dieta saudável e equilibrada: comer de tudo, sem exageros e de modo balanceado;

dizer não às fórmulas mágicas ou estranhas aos nossos hábitos de vida; dispensar moderadores de apetite, mantendo, contudo, uma rica alimentação de baixo teor calórico.

Neste livro, há a certeza de que é possível comer bem sem prejudicar a saúde, satisfazendo aos olhos e ao paladar. São 186 receitas pesquisadas, testadas e, finalmente, escritas com o apoio incansável de Inéa Fonseca; amiga, mulher fantástica que, com a sabedoria dos seus oitenta anos e a energia de uma jovem de trinta, me ajudou a construir estas páginas deliciosas. Com estas receitas, a possibilidade de ser fiel ao meu jeito de ser, que se realiza quando tenho a oportunidade de transferir para o outro tudo aquilo que é bom para mim mesma.

Caloria limitada — receitas de spa permite que cada pessoa planeje sua própria dieta, levando em consideração seus gostos, tipo de vida e objetivos.

Para facilitar este planejamento, as receitas estão agrupadas em nove categorias: carnes, aves, peixes, massas, vegetarianos, sopas, musses e pastas, molhos e sobremesas. São apresentados pratos principais com suas respectivas guarnições, que podem ser substituídas ou alternadas. Além disso, há receitas de pratos especiais que, por sua riqueza, dispensam acompanhamentos. As saladas, sopas, musses e pastas ajudam a criar um cardápio variado e leve, enquanto as sobremesas tornam o seu regime mais doce e prazeroso.

Os que desejam emagrecer deverão selecionar os pratos de modo a compor uma dieta de 1.200 calorias. Já aqueles que esperam manter o peso devem recorrer, no caso das mulheres, a uma dieta de 1.800 calorias e dos homens, de 2.500.

Contudo, tais calorias devem ser distribuídas em até cinco refeições: café da manhã, almoço, lanche, jantar e pequena ceia, de modo a respeitar os hábitos de cada um ou com o firme propósito de renová-los, se isto for necessário a uma vida mais saudável.

Caloria limitada — receitas de spa é a expressão da minha maturidade e chega num momento de muita satisfação pessoal e profissional. Neste livro, a presença de amigos queridos (seria necessário outro livro para citar todos eles), cujos depoimentos deram um tempero especial à obra.

Caloria limitada — receitas de spa, um gesto de paixão, uma confissão de amor a todas as pessoas que desejam manter a forma ou emagrecer com saúde e harmonia. A todos os homens e mulheres que, buscando a beleza física e da alma, desejam ser mais felizes.

LIGIA AZEVEDO

DICAS

Tenha atenção e paciência para observar algumas recomendações que serão feitas a seguir.

A escolha dos ingredientes

Talvez seja a parte mais importante do processo, pois da qualidade dos ingredientes, bem como da adequação de cada um para cada fim, depende o sucesso do prato. Qualquer que seja a carne — vermelha ou branca — o desengordurar das mesmas é o primeiro passo na cozinha de baixa caloria.

Nesta recomendação, incluem-se os caldos de galinha e de carne que, depois de prontos, devem ser resfriados na geladeira e desengordurados, ou seja, coados em pano fino. Só então podem ser apurados, isto é, fervidos na panela destampada para que sejam reduzidos à quantidade a ser usada.

Não só é importante o tipo de carne para cada iguaria, como também o seu corte para cada finalidade. É preciso observar o sentido da fibra ao cortar bifes e escalopinhos, para não atravessá-la.

O patinho aberto para ser recheado requer um certo jeito para cortar a peça, o que deve ser feito com talhos rasos e repetidos. A carne deve ser esticada com cuidado para que se mantenha inteira e com o aspecto de um pano fino.

As carnes de ave só podem ser usadas limpas, sem as peles e sem as gorduras. A disponibilidade de cortes selecionados — peito, coxas, filés e até o *sassami*, que nada mais é que o filezinho acoplado ao filé de frango — facilita este trabalho.

Peixes, crustáceos e moluscos só estão frescos quando suas carnes estão rijas e firmes. Para maior segurança, é bom ter um fornecedor confiável porque é difícil reconhecer a qualidade e as condições do pescado quando não se tem muita prática.

As hortaliças, sejam verduras, frutos, tubérculos ou raízes, devem ser frescas e sem agrotóxicos. O ideal é dar prioridade às da estação, quando são mais abundantes e, além do preço mais baixo, têm melhor sabor, porque são colhidas no momento propício em vez de arrancadas antes do tempo para atender à demanda do mercado.

Pré-preparo

Nesta fase, às vezes, se decide a qualidade final do prato. É aí que se faz a triagem do indesejável — limpa-se o alimento, retirando gorduras, peles, espinhas e ossos das carnes, bem como folhas murchas e partes danificadas das hortaliças.

Além da limpeza e do corte dos insumos, é aí que se faz uso dos temperos e outros recursos.

Há ingredientes que devem ser simplesmente temperados e usados em seguida. Há outros que precisam de até 24 horas para alcançar o paladar desejado. As receitas sempre indicam o tempo apropriado de condimentação. O uso de ervas aromáticas e especiarias — manjericão, orégano, alecrim, estragão, louro, cravo-da-índia e outras — pode enriquecer muito o paladar dos pratos, mas deve ser feito com muito cuidado para não ferir o princípio da boa cozinha: nenhum condimento pode anular o gosto da iguaria principal.

Ainda contribuem para a diversificação dos pratos:

- lardear — entremear o assado com tiras de cenoura ou presunto;
- rechear — na forma tradicional;
- empanar — envolver pedaços de ave em qualquer cobertura; por exemplo, frango empanado com catupiri;
- escaldar — jogar água fervente sobre os alimentos;
- abrandar — afinar molhos e amaciar os purês acrescentando água ou leite;
- drenar verduras e legumes — escorrer, retirando a água do cozimento.

A forma de cortar legumes e verduras também influencia o paladar. Há vários tipos de corte, por exemplo:

- em rodelas ou cubinhos;
- à juliana — corte dos legumes no sentido longitudinal, em tiras finas e iguais (2mm x 4cm);
- à mineira — folhas de couve enroladas (com os talos só quando estão bem tenros) e cortadas em fatias bem finas;

caloria limitada

- ao largo — folhas de verdura enroladas como à mineira e cortadas em fatias mais largas;
- em navete — cortar em diagonal;
- meia esfera — bolinhas cortadas ao meio.

Também altera a consistência dos pratos a forma de bater os ovos — em neve, para suflês e doces, ou com a faca, para desmanchar as claras e as gemas sem fazer espuma.

- Roupa-velha — desfiar as sobras da carne assada cortadas no sentido das suas fibras;
- Sangue de galinha — encontra-se nas casas de aves ou ainda em saquinhos congelados;
- Leite de coco desengordurado — já existe industrializado.

Escolha de utensílios

É sumamente importante o tipo e o tamanho de panelas, fôrmas e recipientes em proporção ao que se vai preparar.

Os ingredientes comprimidos correm o risco de perder o frescor e até de queimar. No caso contrário, também há risco, pois a evaporação é acelerada, o que concorre para ressecar e queimar o conteúdo da panela.

Formas de cocção

As formas básicas nesta cozinha são o cozido e o assado. A maneira de executá-las é que vai produzir a variedade de apresentações e paladares.

- Cozido: em líquido frio (feijão, lentilha, grão-de-bico); em líquido quente (verduras, legumes, arroz); líquido em ebulição (ovos quentes, pochês, massas).

O cozimento no vapor (em panelas tampadas) deve ser lento e regular; empregado na primeira fase do preparo de carnes picadas, ragus e até em algumas hortaliças.

- Assado: diretamente no forno (bolos, suflês, carnes); em papelotes — com cada pedaço envolto em papel vegetal untado ou tudo coberto com papel-alumínio; em banho-maria — dentro de outro recipiente com água. Em qualquer caso, o forno deve ser preaquecido.

Sauté é uma forma de acabamento em que se acrescenta ao prato manteiga ou margarina e salsa picada (ou um molho apropriado) na panela aberta, que se sacode rapidamente sem ajuda de colher.

Fritura: pela imersão de alimentos na gordura em ebulição não é permitida, embora já se encontrem no mercado produtos com muito pouco teor de gorduras saturadas. Recomenda-se o uso da frigideira antiaderente, grills e outros recursos modernos.

Al dente: ponto de cozimento no qual os legumes ou massas ficam macios, mas não se desmancham.

O refogado nesta cozinha difere do refogado da cozinha tradicional no que se refere à gordura; suas quantidades são tão pequenas que, com ou sem gordura, o processo é o mesmo. Colocar os ingredientes no fogo brando com a panela tampada, sacudindo-a ou mexendo com colher de pau de vez em quando, até atingir o ponto desejado. Para o molho de tomate, por exemplo, é só refogar os temperos, acrescentar água, deixar ferver e passar tudo por peneira fina.

As medidas usadas nas nossas receitas são sempre caseiras:

copo — sempre de 200ml

copo pequeno — 150ml

xícara — sempre de chá. Quando for de café, será especificado

copo de iogurte — embalagem industrializada

colher rasa — é a colher cheia, nivelada com a faca passada por cima das bordas para retirar o excesso.

Molho bechamel: é o molho branco feito com farinha de trigo ligeiramente torrada, em vez de maisena.

Mastigação

Uma das causas bastante comuns do excesso de peso está na forma errada de mastigar os alimentos.

Quem tem preguiça de mastigar escolhe uma alimentação pastosa, que é sempre rica em carboidrato, considerado o maior inimigo do gordo.

Comer verduras é a melhor fórmula para emagrecer com saúde, mas, para quem não tem uma oclusão dental equilibrada, comer folhas e fibras é muito desconfortável.

Mastigar de 25 a 30 vezes cada porção acaba cansando terrivelmente os músculos da face.

Só para você ter uma idéia de como este problema é antigo, ele já vem de séculos.

O patê foi inventado na França porque os Luís XIV, XV e XVI não tinham bons dentes. Assim sendo, os *gourmets* foram obrigados a apresentar os pratos de carne em forma de pastas.

Não custa nada perguntar ao seu dentista, na próxima consulta, se a sua mastigação está correta.

Comer pouco

Comer pouco é sem dúvida um método que não falha para quem quer emagrecer. Porém é bom lembrar que na contagem das calorias somam-se as que se ingere e diminuem-se as que se gasta. Para diminuir existem algumas regrinhas práticas:

Nunca repita, nunca complete o prato com um pouquinho mais de arroz para a carne que sobrou. Coma em prato de sobremesa, usando garfos de sobremesa e mastigue sempre de 25 a 30 vezes cada garfada.

Como diminuir algumas calorias? A seguir vão as sugestões:

Andar 6km em uma hora — menos 385 calorias; pedalar 9km em uma hora — menos 310 calorias; correr vinte minutos — menos 290 calorias; dança de salão durante meia hora — menos 130 calorias; jogar golfe durante duas horas — menos 244 calorias. Até subir escada ajuda a emagrecer. São 18 calorias a menos em um minuto de subida e sete calorias a menos em um minuto de descida.

Se você mora até o terceiro andar, o melhor é esquecer o elevador e conservar para sempre a boa forma.

Orgia gastronômica

Que fazer no dia seguinte ao da orgia gastronômica? Geralmente, o fim de semana é o responsável pelos 2kg que se engorda tão de repente.
Mas isso tem jeito. Basta um pouquinho de força de vontade e muita disciplina.

Toda segunda-feira é dia de dieta vegetariana. Siga esta rotina. Muito chá e pelo menos dois litros de água durante o dia. Faça uma sopa verde com pouco sal e sem gordura, com todas as verduras das quais você gosta.

caloria limitada

Coma bastante salada de folhas no almoço e no jantar, e nos intervalos beba mais água, mais chá e pedaços de verduras cruas, como aipo, pepino e pimentão. Neste dia, só o verde entra na dieta; amarelos e vermelhos, nem pensar. Nada de fruta ou proteína.

Apenas 24 horas desta dieta, e você verá que o *jeans* voltará a fechar facilmente.

Açaí

O açaí, fruta típica do Pará e do Amazonas, está na moda nas praias do Rio de Janeiro e até nas academias de ginástica.

Trata-se de uma frutinha roxa, do tamanho de uma bola de gude, que não pode faltar à mesa do nortista no café da manhã, na sobremesa e no lanche da tarde.

Hoje, só nas lanchonetes e quiosques na orla marítima, vendem-se 120 toneladas por mês.

A vantagem do açaí é que a fruta parece ter saído do laboratório dos nutricionistas sob encomenda para a geração saúde. Tem alto teor calórico, é rica em ferro, fósforo, cálcio, potássio, vitaminas B_1 e B_2 e fibras naturais.

O açaí já é vendido sob a forma de polpa congelada, e com isso se faz um mingau no qual se mistura tapioca, granola ou banana. Ainda pode ser servido como pirão acompanhando peixe frito. No Pará é usado até nas mamadeiras dos recém-nascidos.

Agora, atenção! Açaí engorda muito! Se você não faz exercícios, é bom comê-lo apenas uma vez por semana.

Folhas ricas em minerais

As folhas são ricas em minerais, fibras e vitaminas, importantes para a saúde do corpo humano. Têm baixo teor de carboidratos, poucas calorias, e por isso não engordam.

Veja só como as verduras são ricas:

Couve: tem ferro e cisteína — combate o colesterol — 16 calorias por folha.

Brócolis: tem vitamina B_5, cálcio e vitamina C — combate o estresse, aumenta a imunidade — 14 calorias por galho.

Agrião: rico em minerais antioxidantes — selênio, zinco, cobre e manganês — combate o envelhecimento — 25 calorias por galho.

caloria limitada

Espinafre: muita vitamina B$_1$ e muito ferro — principalmente favorece o crescimento, entre outras propriedades — 6 calorias por galho.

Alface: ácido fólico e colina — calmante, renova o oxigênio do sangue, protege o fígado porque facilita a digestão das gorduras — 6 calorias por folha.

Mas não se esqueça, as folhas devem ficar de molho numa solução de água com vinagre por pelo menos 20 minutos antes de serem ingeridas!

Para ter saúde, o lema é: Quanto mais verde, melhor!

Fique conosco.

Café

Depois de tanto tempo no banco dos réus, o café começa a ser inocentado no tribunal da pesquisa médica.

Os estudiosos da Universidade de Harvard concluíram que, devido à cafeína dilatar os brônquios, os asmáticos viciados em café apresentam sintomas e crises um terço mais brandos do que os que bebem café regularmente.

A cafeína também favorece o emagrecimento, por seu efeito termogênico, que estimula a lipólise.

Descobriram ainda que, ao contrário do que se pensava, o café não é cancerígeno e suas fibras solúveis podem mesmo exercer papel de proteção contra o câncer de cólon.

Estudos americanos recentes mostraram que o café administrado em pós-operatório a pacientes habituados à cafeína alivia as dores em questão de minutos.

Mas é bom lembrar que os efeitos negativos do café continuam existindo, como por exemplo: perda óssea, aumento da ansiedade, da pressão sangüínea, e aceleração respiratória.

Como se sabe, o café é responsável, em boa parte, pela insônia. Por isso, à noite é melhor ingerir um chazinho de camomila para garantir bons sonhos.

Ameixa

O alimento transforma-se em sangue quando chega ao aparelho digestivo. Todos os elementos são filtrados e absorvidos através das paredes do intestino.

É importante, portanto, mantermos estas paredes, que agem como filtro, em perfeito equilíbrio, limpas e saudáveis.

caloria limitada

Para isto, deve-se comer fibras, verduras cruas, farelo de trigo, beber muita água, até dois litros por dia.

O iogurte, devido aos lactobacilos, regenera a flora intestinal; por isto é importante incluí-lo na dieta.

Procure livrar-se do estresse, faça exercícios físicos, diminua a quantidade de carne vermelha e use arroz integral.

Deixe duas ameixas-pretas imersas em um copo com água durante a noite. Beba-a pela manhã.

Mastigue bem os alimentos e tome um bom café da manhã.

Ah! Se você se encontra no peso ideal, pode comer também as ameixas.

Vamos colocar as frutas na balança

Fruta pode? Essa falsa verdade pode detonar um regime de emagrecimento. É claro que toda essa família engorda pouco se comparada a doces e gorduras. Mas doses exageradas pesam na balança.

As gordas: a banana, com 105 calorias, é campeã, seguida de perto pela cereja (104 calorias em uma xícara com ameixa picada).Vá com calma também no consumo de maçãs — uma única fruta tem 80 calorias. O perigo da laranja (60 calorias) está no suco. Faça as contas: para fazer um copo é preciso espremer três frutas, o que significa 180 calorias consumidas em poucos goles. Se o suco vier acompanhado por um mamão papaia (120 calorias), num café da manhã, por exemplo, o menu do resto do dia terá de ficar bem magro.

As magras: bem-vindos à ameixa (36 calorias cada) e ao pêssego (37 calorias). Uma xícara de melão em pedaços equivale a ficar nas 45 calorias, tudo bem. Um kiwi (46 calorias) e uma xícara de melancia picada (50 calorias).

Deu para sentir a diferença entre as gordas e as magras. Sem dúvida alguma, daqui para a frente vamos preferir as magrinhas.

O corpo humano é uma verdadeira jazida de minerais

Dos 92 elementos químicos naturais conhecidos, mais de 50 são encontrados no organismo. Cerca de 4% do peso corporal constituem-se de minerais. Estes, entretanto, não são sintetizados pelo organismo. Eles precisam estar presentes na dieta diária para garantir uma boa saúde.

Aí vai uma lista dos minerais importantes e onde encontrá-los:

Cálcio: queijo, laranja, vegetais e legumes.

Cobre: fígado de boi, ostras, lagosta, castanha-do-pará.

Cromo: levedo de cerveja, pimenta-negra, fígado, carne e cereais.

Fósforo: peixe, galinha, carne, cereais integrais, ovo, nozes, sementes.

Flúor: frutos do mar, chá, vinho.

Selênio: carne bovina, peixes e cereais.

Iodo: algas, frutos do mar, peixes.

Molibdênio e Magnésio: verduras, legumes, cereais integrais.

Potássio, Sódio e Manganês: feijão, aipo, cenoura, banana, ervilhas, ovos e frutas

Cuidado, entretanto, com o ouro, chumbo, mercúrio e alumínio. Intoxicação destes minerais pode até matar.

Começar a dieta com cream cracker

Não há quem não comece uma dieta optando pelo *cream cracker* no café da manhã. Aparentemente inofensivo, leve, criou-se o mito de que esse tipo de biscoito não engorda. Muitas vezes o desejado pão é substituído pelo biscoito, sem saber que dois *cream crackers* equivalem a 30g de pão quentinho da padaria. Além disso, é mais difícil controlar o consumo do biscoito. Na dieta o *cream cracker* deve ser muito bem dosado.

Já o pão carrega o estigma de engordar muito. As pessoas adoram-no e ao mesmo tempo acreditam que devem evitá-lo para conseguir perder peso.

Mas não é bem assim. Um pãozinho francês por dia, e sem miolo, não é pecado, e sem dúvida alguma pode lhe dar mais prazer do que o leve biscoito.

O amado pão francês tem 130 calorias e pesa 50g.

Limão e abacaxi em jejum emagrecem?

Muitas pessoas acreditam que, se comerem bastante abacaxi em jejum ou se colocarem um limão cortado dentro de um copo com água e ir bebendo aos poucos, conseguirão emagrecer com maior facilidade. Esta fórmula mágica não tem a menor base científica. O abacaxi em excesso pode causar aftoses e prejudicar ainda mais quem já tem problemas de gastrite. O limão imerso na água, com o tempo, tem a vitamina C oxidada e perde seu valor nutritivo. Por serem alimentos com baixo teor calórico, esta dupla pode ser utilizada para incrementar saladas, mas sem qualquer efeito para emagrecer de forma milagrosa.

Não adianta tentar milagres. O negócio mesmo é fechar a boca nos intervalos de cada refeição e comer apenas quatro vezes ao dia.

O mundo está engordando

Estudos mostram que a percentagem de pessoas com excesso de peso nos Estados Unidos e muitos países da Europa está em torno de 40 a 50%. E o mais importante é que na última década este número cresceu de 8 a 10%.

Os cientistas já têm explicações para esse aumento da obesidade.

Em alguns lugares do mundo está se comendo mais e mais gordura, enlatados, *fast food*, enfim, alimentos de fácil acesso.

Outro grande problema atual é a diminuição da atividade física. As pessoas, no seu dia-a-dia, mexem-se menos graças às maravilhas tecnológicas do mundo atual. E, finalmente, o mundo hoje em dia está mais estressado. O estresse faz o organismo elaborar cortisona, e você engorda mesmo sem comer.

Aí vão três conselhos para combater a obesidade: corte os alimentos gordurosos, deixe seu carro na garagem e encare a obesidade como uma doença grave que pode matar se associada a diabetes, colesterol alto, infarto e derrame.

Mamão

Típico das regiões tropicais e subtropicais, o mamão pode ser encontrado em vários países e até receber diferentes nomes: papaia, no México; fruta bomba, em Cuba; passaraíva, no Nordeste do Brasil.

São tantas as propriedades do mamão, que não se sabe se ele é alimento ou remédio?

Em geral o mamão é um remédio *in natura*. É um excelente alimento, pois sua polpa é notória em nutrientes. Contém água, carboidrato, proteínas, açúcar, gordura, fibras, além de grande quantidade de cálcio, fósforo, ferro, sódio, potássio e vitaminas A, B_1, B_2, B_5 e C.

Como se tudo isto não bastasse, o mamão é produto da papaína, uma substância que entra na composição de vários medicamentos.

Se ingerido pela manhã em jejum, o mamão é eficaz contra a diabetes, a icterícia, garante o bom funcionamento do intestino, dos rins e do fígado.

E, para finalizar, para a sobremesa, que tal um doce de mamão verde? Hum, que delícia!

Peixe

O peixe é, sem dúvida alguma, a melhor proteína animal para a saúde e para a beleza do ser humano. Peixes são alimentos de fácil digestão, têm baixíssimas taxas de colesterol, altos teores de proteínas e estão repletos de aminoácidos essenciais ao desenvolvimento da saúde de quem os consome. A proteína do peixe é fonte de vitaminas, sais minerais e iodo quando de água salgada.

O peixe é saboroso, independente da maneira como é preparado, e tem a vantagem de ser menos calórico que as outras carnes. Apresenta em média 100 calorias por 100g cozido ou cru.

O peixe à brasileira pode ser o substituto perfeito para a feijoada de sábado na mesa dos gordinhos. Peixe frito ou à milanesa só deve ser consumido depois que se alcança o peso ideal. A moqueca baiana só será responsável se você assumir o compromisso de caminhar pelo menos meia hora após a refeição. Quanto ao suflê de peixe, recomendo que seja preparado em porções individuais, para não corrermos o risco de colocar mais um pouquinho para completar o pirão que sobrou.

Hortaliças

As hortaliças têm funções medicinais que muita gente desconhece.

As plantas oferecem elementos indispensáveis para a conservação da saúde, como para o restabelecimento em casos de doenças.

Aí vão algumas receitas de remédios caseiros para se fazer e usar imediatamente após serem preparados:

A acelga é indicada para reumatismo, gota e eczemas. As sementes da acelga tostadas e bem socadas formam um pó, que, misturado com chá forte de casca de carvalho, é indicado, na forma de emplastro, para secar feridas em geral, inclusive frieiras.

A alcachofra é eficaz para a digestão e aproveitar os alimentos. Regulariza as funções do fígado e ajuda na cura da hepatite.

A alface amassada junto com a aveia forma uma pomada que alivia as irritações da pele.

O alho é depurativo e limpa o sangue. É muito usado para baixar a febre. Nestes casos, usar três dentes para um copo de água passados no liquidificador e tomar duas colheres de sopa de hora em hora.

Beterraba e cenouras cruas, sob forma de suco, ajudam na consolidação de fraturas e deficiência de cálcio.

A cebola, além de ser indispensável no molho campanha, tem efeito vermífugo e é muito indicada em períodos de epidemia.

Mel

O mel também é remédio. É um meio de cura excelente para tratamento de feridas porque contém alguns componentes bactericidas, embora não tenha sido possível até hoje estudá-los profundamente. O mel contém ainda minerais, vitaminas, fermentos, oligoelementos e matérias nutritivas, podendo-se quantificar as porções de potássio, sódio, fósforo, cobre e manganês.

É constituído por diferentes tipos de açúcares, sobretudo o açúcar das frutas, levulose, das uvas, dextrose e um pouco de açúcar de cana.

Até o século XVII, o mel era a única matéria doce usada na cozinha. O maior consumo de açúcar refinado, pobre em vitaminas, e sobretudo em sais minerais, é considerado pelos bromatólogos a principal causa de uma série de graves perturbações metabólicas, e sobretudo a cárie dentária.

Para pessoas fracas, tem dado bom resultado o uso de 100g de mel em meio litro de água para ser ingerido durante o dia. O mel também age como calmante e cura a insônia causada quase sempre pela hipoglicemia noturna.

Laticínios

Escolher o laticínio mais adequado deve ser uma preocupação a mais no seu já tão atarefado cotidiano. Na hora de escolher o leite e o queijo nas prateleiras dos supermercados, as pessoas na maioria das vezes só se preocupam com o carimbo da vigilância sanitária, que nos garante a qualidade dos alimentos.

O leite é uma proteína de alto valor biológico e aminoácido essencial para o funcionamento do organismo. É rico em cálcio, fósforo e vitaminas A, D, E e K, prevenindo contra a hipertensão arterial e a osteoporose.

Apesar de todos estes benefícios, é importante que se avaliem os teores de

caloria limitada

colesterol, gordura e calorias de cada tipo de leite e queijo, pois estes são dados importantes levando-se em consideração o peso, a idade e o sexo da pessoa.

Em resumo, aí vão algumas conclusões a que chegaram médicos e nutricionistas em pesquisas recentes feitas nos Estados Unidos.

Para ter ossos fortes na velhice é importante beber leite na puberdade, em especial as mulheres.

Adultos entre 20 e 24 anos precisam beber oito copos de leite por dia ou quatro fatias grandes de queijo. Dos 25 aos 60, reduzir 25% dessas quantidades, e daí por diante, diminuir mais ainda.

É discutido se o melhor tipo de leite para os homens a partir dos 25 anos é o integral, que, devido o alto teor de gordura, pode causar câncer de próstata. Em compensação, está comprovado que o cálcio protege contra o mau colesterol, porque bloqueia parcialmente a absorção de gorduras localizadas. Para o adulto recomendam-se leite e queijo sem gordura, que tem a vantagem também de proteger contra o câncer.

Contudo, apesar de todas estas discussões, uma coisa é certa, os laticínios engordam, e muito. Magros ou gordos, cuidado com eles.

A dieta parou de funcionar

Caso sua dieta tenha parado de funcionar, não desanime, isso faz parte do processo.

Nas primeiras semanas os quilos parecem voar, mas depois de algum tempo o ritmo começa a mudar e realmente vai ficando mais difícil perder os quilos que tanto o incomodam. Nas duas primeiras semanas o resultado é gratificante, e isso se deve ao fato de que, logo no começo do regime, além de gordura, perde-se também o excesso de água do organismo.

Alguns fatores podem dificultar ainda mais o emagrecimento nessa fase, por exemplo, o uso de inibidores do apetite. Esse tipo de medicamento tende a perder seu efeito por causa do mecanismo de tolerância do organismo.

Depois de algum tempo consumindo o produto para emagrecer, a fome volta e, se você diminuiu os exercícios físicos, então o problema pode se agravar. E ainda tem o fator psicológico que pode ser o maior inimigo do seu regime. Ele arma um mecanismo de defesa para diminuir a sensação de fome, e o corpo passa a armazenar quase tudo que ingere. Afinal, ele não sabe quando vai receber comida outra vez.

Mas, com algumas atitudes saudáveis, não tem como seu regime emperrar.

Fuja das dietas malucas. Não pule refeições, não coma mais nada após o jantar, diminua mais ainda a gordura, aumente a quantidade de fibras do cardápio. E, finalmente, não se desespere. Marque uma consulta com seu médico. Ele, com certeza, lhe apontará uma solução.

Manga

Caso você goste de manga, aí vão algumas informações que irão fazê-lo chupar manga com mais vontade ainda.

Calcula-se que existam cerca de 500 variedades de manga em todo o mundo, com pesos que vão de 100g a quase 2kg. Estes tipos estão divididos em dois grandes grupos: as suculentas, que têm fibras em grande quantidade e são as usadas na industrialização de derivados da fruta. Um doce em calda, uma compota. E as polpudas: que têm menor quantidade de fibras. A esta espécie pertencem a carlota e a manga-coração-de-boi. São as que não deixam os fiapinhos nos dentes.

Embora desagradáveis, são as fibras, em maior ou menor quantidade, que definem a eficiência de cada tipo de manga, pois as fibras são indispensáveis para auxiliar os movimentos intestinais e combater a prisão de ventre.

As vitaminas A e C são os dois nutrientes mais expressivos da manga presentes em quantidades que colocam a fruta entre as mais ricas nessas vitaminas. E ainda possuem algumas vitaminas do complexo B, cálcio, fósforo, ferro, sódio, potássio e manganês, assim como proteínas. Quanto às calorias, também é riquíssima e, portanto, nada aconselhável para quem quer manter-se em forma.

Dieta alimentar

O segredo para se viver muito e com saúde está na dieta alimentar e não nos regimes de emagrecimento. Assim como a beleza não deve estar associada à magreza, não se deve confundir dieta balanceada com regime.

Colocar em risco a saúde do organismo em detrimento de alcançar o biótipo da moda tem sido um dos motivos de doenças graves que vão desde uma gastrite até uma anorexia nervosa.

Uma dieta balanceada resolverá o problema do excesso de peso, embora se reconheça que a reeducação alimentar nem sempre é fácil de se alcançar, pois exige tempo e paciência.

Para que seu programa de emagrecimento não se torne uma tortura, aí vão, não algumas receitas, mas alguns conselhos que podem ajudá-lo.

caloria limitada

- Ao fazer compras no supermercado, relacione os alimentos absolutamente necessários para as refeições principais do dia. E siga a lista sem cair em tentações.
- Não vá às compras de estômago vazio. Procure fazê-las após as refeições.
- Não aceite as sugestões promocionais de comprar quatro pacotes de biscoito pelo preço de três, se seu consumo é de apenas um pacote por semana.
- Leia as etiquetas dos alimentos industrializados, levando em consideração também o teor de carboidratos das calorias.
- No balcão dos laticínios escolha os queijos e iogurtes menos gordurosos, mas não exagere na quantidade. Mesmo branquinhos e sem gordura, os derivados do leite são muito calóricos e ricos também em carboidratos, os maiores inimigos de quem quer emagrecer.

Minerais

Os minerais protegem o corpo e aumentam as defesas do organismo. Esta descoberta é recente para a medicina; portanto, é sempre bom lembrar para que servem e onde encontrá-los.

O cobre contribui para a produção dos glóbulos vermelhos e da mielina. O fígado e as ostras são ricos neste metal.

O potássio controla a água das células e também os ritmos cardíacos. O cogumelo, a couve e a banana são ricos em potássio.

O sódio assegura o equilíbrio hídrico do organismo, influi nas contrações musculares e nos impulsos nervosos. É encontrado nos peixes.

O selênio é o maior aliado no combate aos radicais livres. Os cereais integrais são ricos em selênio.

O magnésio regula as células nervosas, ajuda na formação de anticorpos e alivia o estresse. É encontrado no limão e na maçã.

O ferro participa na formação da hemoglobina. As carnes são ricas em ferro, principalmente, o fígado.

O iodo é indispensável ao bom funcionamento da tiróide. Não é um grande sacrifício usá-lo como remédio, tendo em vista que pode ser encontrado em grande quantidade na lagosta e nos frutos do mar.

O fósforo é um componente importante do mecanismo energético e do código genético. Auxilia na estrutura dos dentes e ossos, ajuda a regular os batimentos cardíacos e funções renais. Sua absorção depende da quantidade de vitamina D e do cálcio no organismo. É encontrado em carnes, peixes, ovos e queijos.

E finalmente o zinco, indispensável na estética quando o problema for a acne.

Os minerais encontrados nas fontes da alimentação nem sempre podem ser suficientes.

Procure um especialista na medicina ortomolecular. Vale a pena!

Melancia

Exuberante, cheia de vitaminas, minerais e fibras, a melancia é a fruta ideal para repor a água no organismo.

Nascida na Península Arábica, chegou às Américas conservada nos porões escuros das caravelas portuguesas do século XVI. Adaptou-se facilmente ao solo brasileiro e hoje é tão nossa quanto a banana.

A melancia também é riquíssima em frutose, um tipo de açúcar com menor teor calórico. Apesar disso, ela não é proibida para obesos e diabéticos, desde que comida moderadamente. Com a vantagem de ter 90% de água, é a fruta mais aconselhada para matar a sede nas atividades ao ar livre onde se corre o risco de desidratar-se.

Além de todas as qualidades nutritivas, a melancia é ideal para integrar os regimes de emagrecimento, porque só tem 22 calorias por 100g, e a combinação de água e fibras produz sensação de saciedade.

Apesar de todas essas vantagens, é aconselhável não abusar na quantidade. Esta fruta é prima do melão e do pepino e pode ser um pouco indigesta para pessoas sensíveis.

Aí vão as sugestões para uma boa compra no dia da feira:

Prefira as de casca mais firme, lustrosas e sem manchas escuras. E o velho costume de bater na fruta com a mão fechada continua sendo uma boa dica. O ruído produzido deve ser surdo.

E, finalmente, entre duas melancias do mesmo tamanho, prefira a mais pesada.

Agora uma novidade, pelo menos para mim: a melancia alivia o desejo intenso de ingerir bebidas alcoólicas.

Clorofila

"O suco verde é a fonte da boa forma", garante Wilson Camargo, engenheiro orgânico graduado pelo Instituto de Biotecnologia de Fhindorf na Inglaterra. A clorofila encontrada em abundância nas verduras pode ser ingerida sob a forma de suco. É responsável pela fotossíntese das plantas e funciona como um poderoso tonificante muscular, e ainda é capaz de beneficiar a pele e promover uma verdadeira limpeza no organismo. Segundo Wilson Camargo, a clorofila carrega todo material tóxico — radicais livres — para fora das células e desintoxica os filtros orgânicos, e o resultado de um tratamento pode aparecer de três a quatro dias depois que se incluem no cardápio altas quantidades de folhas verdes ou clorofila em drágeas.

Durante o tratamento receitado por Camargo, as vitaminas ficam para uma segunda etapa. Inicialmente, ele receita drágeas de clorofila, que são o suplemento biorgânico. "É como preparar o solo", diz ele; "primeiro, é preciso arar, drenar e depois vir com os nutrientes."

O ideal para quem quer experimentar este tratamento é fazer uma dieta líquida no primeiro dia, ingerindo chá, água e pelo menos seis copos de sucos de salsinha, brócolis, aipo, agrião, espinafre e outras folhas verdes. E, a partir do segundo dia, quatro copos deste suco entre as refeições.

Caso o resultado tenha sido satisfatório para você, pode optar pelas microdrágeas de clorofila para reforçar o cardápio verde — dez microdrágeas equivalem a quatro quilos de verduras. O Dr. Camargo receita em média até vinte drágeas por dia.

O tratamento à base de clorofila retarda o envelhecimento, que é a grande preocupação das pessoas. Vale a pena começar já.

Folhas verdes

Está comprovado que as folhas verdes, leves e saborosas, previnem doenças e fornecem uma boa qualidade de vida.

Um dos principais componentes das folhas verdes, o bioflavonóide, ajuda a combater os radicais livres, além de diminuir o nível do colesterol. A grande quantidade de vitamina encontrada nas folhas é um anticancerígeno eficiente.

Para conservar todos os nutrientes das folhas verdes, o melhor é comê-las cruas, com tempero leve, como o limão, por exemplo, que ainda ajuda a absorção do ferro. Para garantir a limpeza das folhas, depois de lavadas em água corrente, deixe-as de molho com três gotas de solução de hipoclorito de sódio para cada litro de água. A salada, uma vez temperada, deve ser consumida imediatamente.

Cozidas no vapor elas apresentam alguma perda de nutrientes, pois, quanto maior o calor, mais rapidamente as folhas perdem suas propriedades. Ao cozinhá-las mantenha a panela tampada e aproveite a água para cozinhar o arroz ou o feijão.

Finalmente, sempre que puder, claro, corte as folhas com as mãos, pois o metal das facas oxida as verduras.

Jejum

O jejum é uma prática usada pelos naturalistas e macrobióticos com fins higiênicos e educativos. Treina a pessoa a desenvolver a força de vontade e o domínio de si própria. É uma terapia natural, na qual o organismo utiliza sua própria energia nos processos de cura.

É também utilizado como arma para se exercer o poder. O jejum de Gandhi libertou a Índia do domínio da Inglaterra. Na Antiguidade era prática habitual de Sócrates e Platão.

Por quantos dias o homem pode jejuar sem risco de vida?

Jesus jejuou 40 dias; um inglês, no ano de 1890, ficou 45 dias sem se alimentar; e um indiano, 145 dias.

Chega-se à conclusão de que a expressão popular tão repetida, vou morrer de fome, está longe de ser verdadeira. Pode-se viver muito bem com muito menos quantidades de comida, sem correr riscos de vida.

Conclui-se então que não há perigo. Pode-se sobreviver. Mas não é necessário ser tão radical, pois a maneira mais saudável de emagrecer é seguir uma dieta balanceada. Você ficará mais bonito e vai poder viver muito mais porque terá mais saúde.

Chás

Os chás são usados no mundo inteiro nas curas das doenças do corpo e também da alma.

A flora brasileira é privilegiada, pois oferece ricos elementos que são usados na fabricação de remédios.

Temos aqui, bem perto de nós, as soluções mais saudáveis e baratas para a cura de uma infinidade de doenças, e pouco sabemos sobre o assunto.

Por exemplo, o chá-mate, a bebida dos gaúchos, muito conhecida em qualquer lugar do Brasil, tem propriedades terapêuticas de valor inestimável. Está comprovado cientificamente que é excitante, ativa a circulação, tonifica o organismo, elimina o ácido úrico, facilita a digestão, combate afecções de estômago e fígado e é diurético.

O chá de casca de catuaba é poderoso afrodisíaco. Atua na fraqueza orgânica, na anemia, insônia, hipocondria e em doenças do sistema nervoso.

O chá de camomila é um dos mais difundidos no país. É feito das flores e usado no combate à cólica dos recém-nascidos, assim como na digestão difícil. É usado para a conjuntivite, em forma de compressa, e seu principal efeito é o calmante. Substitui com eficiência os remédios para dormir.

Para as doenças mais comuns, é válido optar por esta forma simples de cura. Já existe uma vasta literatura no mercado. Vale a pena pesquisar.

Maracujá

O tropicalíssimo maracujá atua no sistema nervoso, na imunidade e no coração, e é chamado pelos franceses *fruit de la passion*, pelos ingleses de *passion fruit* e *marracúia*, pelos alemães.

Existem 150 tipos de maracujá, mas somente sessenta deles produzem frutos, e nem todos são comestíveis. O mais conhecido, entretanto, é o amarelo, cultivado quase que o ano inteiro nas regiões Norte e Nordeste do Brasil.

O maracujá não é só bonito e gostoso. É também rico em minerais hidrossolúveis, sais minerais e fibras, fazendo parte das frutas ricas em vitamina C, que é responsável pelo aumento das defesas naturais do organismo contra os invasores externos, além de ser essencial na estrutura do colágeno e na absorção do ferro. Alguns medicamentos destroem a vitamina C no organismo, como os anticoncepcionais, o fumo e as bebidas alcoólicas.

A polpa alaranjada do maracujá é rica em betacaroteno, necessário para fabricar vitamina A no organismo.

O maior benefício do maracujá para o organismo, entretanto, está no fato de ser uma das frutas com mais concentração de potássio.

Plantas medicinais

As plantas medicinais, hoje tão usadas terapeuticamente, têm seus segredos. Seu efeito pode ser maior ou menor na medida em que você estiver mais atento ao seu cultivo, à colheita, ao armazenamento e usá-las de maneira certa.

Quanto ao cultivo, devem ser observados os seguintes fatores extremamente importantes: luz, terra, água e arejamento.

caloria limitada

Quanto à colheita, vale salientar que as plantas silvestres causam efeitos medicinais muito mais elevados do que as cultivadas em hortas, jardins ou vasos. Elas não podem ser amassadas, e as sementes devem ser colhidas com o fruto verde. As cascas das árvores devem ser colhidas na primavera e a dos arbustos no outono.

As plantas devem ser colocadas em locais secos, escuros e arejados, e secadas à sombra. Depois são guardadas em vidros escuros e cheios até a tampa.

No preparo dos chás é indicada, em média, uma colher de ervas, não se devendo acrescentar leite ou açúcar.

Em geral, para uso interno, usa-se de 10 a 30g de folhas para um litro de água; pode-se dobrar a dose para uso externo.

Em caso de febres devem-se usar os chás frios. Mas, se você quer ter bons sonhos, é melhor que o chá de camomila esteja bem quentinho.

Nozes

A noz é uma castanha nobre, e é mais consumida no Natal. Trata-se de um alimento característico dos países frios e por isso considerado muito quente. Como no Brasil o Natal ocorre no verão, fica claro que a noz não deve ser ingerida à vontade, até porque é altamente calórica e gordurosa.

A noz é nutritiva e importante fonte de cálcio, fósforo e vitamina B. Suas proteínas são comparáveis às das carnes. É indicada para a cura dos males do cérebro, e, coincidência ou não, ela lembra o seu formato, o que não tem nada a ver com as propriedades terapêuticas e nutricionais.

É usada no cardápio do diabético pelo baixíssimo teor de carboidratos.

Veja a comparação da noz antes de escolher qualquer receita onde ela apareça:

18,6% de proteínas, 11,8% de carboidratos, 1,9% de minerais, 3,2% de água e, aí vem a surpresa, 64,2% de gordura.

Então, no próximo Natal pense duas vezes antes de se deliciar com esta castanha tão chique e tão perigosa para quem quer manter a forma.

Alimentos naturais

Verduras, frutas, carnes, leite e legumes são indispensáveis para uma dieta saudável. Mas a saúde pode não estar garantida se estes alimentos estiverem contaminados por partículas imperceptíveis e difíceis de sentir o cheiro.

caloria limitada

Existem substâncias tóxicas que se escondem nestes alimentos e que são prejudiciais à saúde, como os pesticidas, os metais pesados e ainda os nitratos, que são os compostos químicos existentes nas plantas e que em quantidades elevadas prejudicam o organismo.

As bactérias chamadas fungos são os microrganismos responsáveis por 99% dos problemas de saúde causados pelos alimentos contaminados no Brasil.

A regra para se evitar o consumo de todos estes venenos é simples: basta lavar muito bem frutas e verduras, cozinhar tudo o que for possível e procurar conhecer a procedência do que se come.

Os fungos instalam-se mais facilmente nas aves e ovos, salsinha, presunto, palmito, cogumelo e milho em conserva e, ainda, em alguns queijos frescos e patês. Eles se proliferam nas castanhas, amendoins, milhos e nozes.

Os metais pesados são encontrados nos peixes, mariscos e ostras.

Você não precisa evitar estes alimentos, basta verificar se o aspecto e o cheiro estão normais.

Caloria limitada *é um pouco a caixinha mágica da Ligia — não faz milagres, mas ajuda a manter uma dieta saudável e, lógico, um corpo mais leve, mais bem nutrido, de bem com a vida.*
Mens sana in corpore sano — *diziam os antigos e dizem os modernos. Não tenha dúvidas, a cuca funciona melhor quando o corpo está equilibrado em termos de comida, de energia que circula nele.*

Danusia Barbara

Fui carnívora durante muitos anos. Preferia a carne sangrenta à bem passada. O rosbife era — e ainda é — a minha carne predileta.

Vovó fazia o melhor rosbife do mundo. Ela dourava a carne com uma pitada de açúcar. O molho de cebola, tomate e pimentão, feito no sujinho da panela, após retirar a carne, era o néctar dos deuses, que eu sempre deixava para o fim e comia com arroz e farinha d'água — aquela amarelinha e bem torrada.

São inúmeras as correntes de dietas, e muitas delas, como as vegetarianas e similares, consideram a carne vermelha a maior inimiga da saúde. Durante dois anos cheguei a ser radical e seguir com rigor uma dieta lacto-ovo-vegetariana. Hoje em dia, apesar de ter reduzido bastante a carne na minha alimentação, ainda aprecio um bom rosbife. Só que não ouso mais acompanhá-lo com molho de farinha d'água, já que daria uma grande mão-de-obra desgastar todo o hidrato de carbono adquirido com um simples punhado de farinha.

Além disso, fiz algumas constatações importantes. Por exemplo, quando não comia carne, não precisava de mais de seis horas de sono por noite para me recuperar, mesmo depois de um dia exaustivo, dedicado a oito horas de exercícios. E mais, sem comer carne, eu passava um dia inteiro sem sentir sono, o que não acontece quando a incluo na minha alimentação. Para completar, o meu aparelho digestivo funcionava melhor.

Por tudo isto, colocando na balança os prós e os contras, restou um saldo de carne duas vezes por semana, não tão malpassada como antes e sempre magra, tipo lagarto redondo. Assim, ainda posso saborear um divino rosbife ou uma carne assada de dar inveja aos deuses.

CARNES

Almôndegas Portuguesas

Purê de Abobrinha com Batata-Doce

INGREDIENTES (4 porções)

550 gramas de carne moída limpa
2 fatias de pão de fôrma sem casca
1 colher de chá de farinha de trigo
Salsa e cebolinha picadas a gosto
1/2 colher de sopa rasa de sal

INGREDIENTES DO MOLHO

150 gramas de tomate maduro sem pele e sem sementes
1 dente de alho
150 gramas de cebola picada
1 colher de sopa de massa de tomate
1/2 colher de sopa de molho de soja
Sal, páprica e outros condimentos a gosto
1 colher de café de margarina
1/2 envelope de adoçante

MODO DE FAZER

Para preparar as almôndegas, umedecer ligeiramente o pão e juntar todos os ingredientes, menos a farinha de trigo, numa tigela, amassando bem. Quando a mistura estiver bem ligada, fazer as almôndegas em múltiplo de 4, passá-las ligeiramente na farinha de trigo e reservar.

Para fazer o molho levar os tomates ao fogo brando e deixá-los desmanchar com o adoçante, o alho e uma pitada de sal. Juntar às cebolas cortadas e previamente refogadas na margarina a massa de tomate, o molho de soja, o sal, a páprica e água quente o suficiente para cobrir as almôndegas. Deixar no fogo até formar um molho homogêneo, mas não muito grosso (se necessário, acrescentar água). Provar de sal e de temperos.

Arrumar as almôndegas sobre o molho e deixar cozinhar em fogo brando, com a panela tampada, por aproximadamente 1 hora. Sacudir a panela de vez em quando.

INGREDIENTES (4 porções)

600 gramas de abobrinha
150 gramas de batata-doce cortada em cubos
100 gramas de cebola cortada em cubinhos
1 colher de sopa cheia de salsa picada
1 colher de chá de sal
1 colher de café de margarina
1 colher de chá de farinha de trigo
1/2 envelope de adoçante

MODO DE FAZER

Escovar a casca da abobrinha e retirar o miolo. Cortar a batata-doce em cubinhos e reservar dentro de água.

Levar a abobrinha ao fogo, borrifar com farinha de trigo e sal; abafar e manter em fogo brando. Retirar antes de cozinhar completamente, passar na máquina de moer carne (disco maior) e deixar no escorredor até parar de pingar.

Refogar as cebolas em metade da margarina, sal e adoçante até que fiquem transparentes. Juntar a abobrinha, misturar com os temperos e cobrir com a batata-doce cortada em cubinhos. Quando estiverem cozidos *al dente*, misturar tudo, apagar o fogo e acrescentar o resto da margarina e a salsa picadinha.

Bife Acebolado

Beterraba ao Creme

INGREDIENTES (4 porções)
600 gramas de bifes finos e de igual tamanho
150 gramas de cebola cortada em rodelas grossas
1 colher de sobremesa de farinha de trigo
1/2 colher de sopa de sal
1 colher de café de amaciante para carnes
1/2 colher de café de páprica picante
1 colher de chá rasa de óleo
1 colher de chá rasa de margarina
1/2 envelope de adoçante
1/2 cebola média ralada
Caldo de carne desengordurado

MODO DE FAZER
Bater os bifes, passar no amaciante e reservar. No dia seguinte, temperar com sal e páprica. Em seguida, grelhar e aproveitar todo o caldo; colocar na panela e mantê-la tampada.

Corar a cebola ralada com metade do adoçante e o óleo, juntar o caldo apurado e, se for pouco, acrescentar caldo de carne desengordurado até completar 2 xícaras. Quando a cebola estiver cozida, passar pela peneira, provar de sal, cobrir os bifes e deixá-los cozinhar até que fiquem bem macios. Retirar os bifes e reservar.

Colocar as rodelas de cebola na panela com a margarina, o sal e o resto do adoçante, polvilhar com farinha de trigo e corá-las rapidamente. Despejar o molho de bife sobre as rodelas de cebola e deixar no fogo forte até ferver. Apagar o fogo e servir o molho acebolado sobre os bifes.

INGREDIENTES (4 porções)
1/2 quilo de beterraba
1 cravo-da-índia
1/2 colher de sopa de sal
1/2 colher de sopa de adoçante
2 colheres de sopa de queijo parmesão
1 colher de café de margarina

INGREDIENTES DO MOLHO BRANCO
1 colher de café de margarina
1 colher de sopa rasa de farinha de trigo
100 gramas de cebola ralada
1 xícara de leite desnatado
Uma pitada de sal
1/2 envelope de adoçante

MODO DE FAZER
Cozinhar a beterraba com casca, juntar o sal, o adoçante e o cravo-da-índia e manter a panela destampada até que a água seque completamente.

Enquanto a beterraba estiver cozinhando, levar a cebola do molho branco ao fogo com a margarina, o sal e o adoçante até ficar transparente. Acrescentar a farinha desmanchada no leite e mexer até cozinhar.

Cortar a beterraba descascada em cubos, jogar no molho branco e deixar ferver; provar de sal, apagar o fogo e juntar a margarina e o queijo parmesão peneirado. Misturar bem e servir.

Bife Rolê Tradicional

Couve-Flor Empanada

INGREDIENTES (4 porções)

500 gramas de bifes finos e grandes
1/2 colher de café de amaciante de carne
1 colher de chá de sal
2 cenouras médias cortadas em palitos
40 gramas de presunto magro cortado em tirinhas
1 colher de chá de óleo
100 gramas de cebola cortada em rodelas finas
4 colheres de sobremesa de vinho tinto seco
1/2 xícara de concentrado de carne desengordurado
1/2 colher de café de açúcar

MODO DE FAZER

Bater bem os bifes e temperar com amaciante e sal. Enrolar com presunto e cenoura, prendendo com um palito.

Dourar os rolinhos no óleo e açúcar; cobrir com a cebola em rodelas, o vinho e o caldo de carne desengordurado. Tampar a panela e deixar os rolinhos cozinhando em fogo brando até amaciar, pingando água quente para formar o molho.

INGREDIENTES (4 porções)

600 gramas de couve-flor limpa (sem os talos grossos)
2 claras de ovos
1 colher de sobremesa de farinha de trigo
1 colher de sobremesa de margarina derretida
2 colheres de sopa rasas de queijo parmesão ralado
2 colheres de sopa de leite em pó desnatado
Sal a gosto

MODO DE FAZER

Cozinhar a couve-flor em água fervente com pouco sal e leite em pó desnatado.

Arrumar 4 porções de couve-flor cozida num tabuleiro.

Bater as claras em neve, juntar a margarina derretida, metade do queijo parmesão e, por fim, a farinha de trigo peneirada, que deve ser misturada sem bater.

Cobrir cada porção de couve-flor com as claras preparadas e salpicar o restante do queijo parmesão ralado; levar ao forno por 10 minutos e retirar a couve-flor com uma espátula.

Bife de Leite

PRATO PRINCIPAL
cada porção
291 calorias

Quadradinhos de Vagem

GUARNIÇÃO
cada porção
88 calorias

INGREDIENTES (4 porções)
500 gramas de carne cortada em bifes
150 gramas de cebola
1/2 colher de sopa de sal
Uma pitada de páprica picante
1 colher de chá de óleo
1 colher de chá de margarina
1/2 envelope de adoçante
1 xícara de chá rasa de leite desnatado

MODO DE FAZER
Bater os bifes sem perfurá-los.
Cortar a metade da cebola em rodelas e ralar o restante.
Temperar os bifes com sal e páprica e corá-los em grelha ou frigideira antiaderente ligeiramente untada de óleo. Em seguida, colocá-los em panela aquecida, que deve ser mantida tampada.
Corar a cebola ralada, juntar o leite e deixar ferver até que a cebola fique cozida a ponto de desmanchar na peneira; coar o leite sobre os bifes e levar ao fogo até que fiquem bem macios.
Corar levemente as cebolas em rodelas com a margarina e o adoçante, jogar sobre os bifes, misturar com cuidado, deixar ferver por um minuto e apagar o fogo.

INGREDIENTES (4 porções)
600 gramas de vagem macarrão
2 ovos
1 colher de café de margarina
1 1/2 colher de sopa de farinha de trigo
1/2 xícara de leite desnatado
1 colher de café de fermento em pó
Farinha de rosca para polvilhar (mínimo)
Sal e bicarbonato

MODO DE FAZER
Cortar a vagem macarrão em tiras finas e cozinhar *al dente* com um pouco de sal e bicarbonato. Escorrer bem a água; colocar numa vasilha e cobrir com margarina derretida no leite fervendo. Deixar esfriar.
Enquanto o leite estiver esfriando, preparar o tabuleiro, untando-o ligeiramente e polvilhando-o com farinha de rosca.
Bater as claras em neve, juntar as gemas e continuar batendo.
Peneirar a farinha de trigo com fermento e ir misturando aos poucos, sem bater, com os ovos batidos. Em seguida, misturar com a vagem, mexendo levemente.
Despejar no tabuleiro, cobrir com farinha de rosca e levar ao forno por 30 minutos. Cortar em quadradinhos e servir.

**Bolo
de Carne**

**Crisps
de Cenoura**

INGREDIENTES (4 porções)
500 gramas de carne para moer
50 gramas de presunto magro
2 fatias de pão de fôrma sem casca
1 xícara de leite desnatado
2 colheres de chá de queijo parmesão ralado
1 gema
Salsa e orégano a gosto
1 colher de chá de sal
Cebola e tomate (para enfeitar)
1 colher de sobremesa de alcaparras

MODO DE FAZER
Passar a carne e o presunto juntos na máquina de moer (2 vezes).

Molhar o pão no leite quente e, depois de frio e bem amassado, juntar à carne. Adicionar o queijo parmesão, a gema, o sal, a salsa picada e um pouco de orégano. Amassar bem com as mãos até ligar a massa. Fazer um bolo em forma de rolo e colocá-lo em um tabuleiro ligeiramente untado com óleo. Enfeitar com rodelas finas de cebola e tomate.

Cobrir o bolo com papel laminado e levar ao forno por 30 minutos. Estando assado, retirar o papel e aumentar o forno para corar (mais 5 minutos). Deixar esfriar e cortar em 8 fatias.

Retirar o resíduo do tabuleiro com água quente, provar, temperar a gosto, ligar com um pouquinho de maisena, juntar as alcaparras e regar as fatias.

INGREDIENTES (4 porções)
600 gramas de cenoura ralada
50 gramas de cebola picada
1 colher de café de margarina
1/2 envelope de adoçante
1 colher de chá de sal

MODO DE FAZER
Ralar a cenoura em ralo grosso e espremer para tirar o excesso de água.

Levar a cebola ao fogo com a margarina, o adoçante e o sal; quando estiver transparente, juntar a cenoura e mexer, continuamente, até que pareça uma farofa bem solta. Está pronta para servir.

Bolinhos de Carne

Purê de Cenoura

INGREDIENTES (4 porções)
500 gramas de carne
50 gramas de presunto magro
2 fatias de pão de fôrma sem casca
1 xícara de leite desnatado
20 gramas de queijo parmesão ralado
1 gema de ovo
2 colheres de chá rasas de sal
Salsa picada
Orégano
Cebola e tomate (para enfeitar)
1 colher de sobremesa de cogumelos secos

MODO DE FAZER
Deixar os cogumelos de molho desde a véspera. Passar a carne e o presunto juntos na máquina de moer (2 vezes).

Molhar o pão no leite quente e, depois de frio, juntar à carne. Acrescentar o queijo parmesão, a gema, o sal, a salsa picada e um pouco de orégano. Amassar com as mãos até ligar bem a massa.

Fazer 4 bolinhos; se ficarem grandes, dividi-los ao meio, colocar em um tabuleiro ligeiramente untado e enfeitar com cebola e tomate em rodelinhas.

Cobrir os bolinhos com papel laminado e levar ao forno por 25 minutos. Estando assados, retirar o papel e aumentar o forno para corar (mais 5 minutos).

Retirar o resíduo do tabuleiro com água quente, provar e temperar a gosto. Fritar os cogumelos secos, que ficaram na água fria desde a véspera, bem escorridos e deixar ferver até amaciar.

Na hora de servir, ligar com um pouquinho de maisena e cobrir os bolinhos.

INGREDIENTES (4 porções)
1/2 quilo de cenoura descascada
10 colheres de sopa de leite em pó desnatado
2 colheres de sobremesa de maisena
2 colheres de sopa rasas de queijo parmesão ralado
1 colher de sobremesa de margarina
100 gramas de cebola
1/2 molho de salsa picadinha
1/2 envelope de adoçante

MODO DE FAZER
Cozinhar a cenoura com pouco sal.

Bater no liquidificador junto com o leite, a maisena, o queijo e a água do cozimento (suficiente para bater).

Refogar a cebola com a margarina e o adoçante. Em seguida, misturar o creme de cenoura, mexendo até engrossar. Se for preciso, acrescentar mais água do cozimento. Depois de pronto, juntar a salsa picadinha.

Carne Assada com Sidra

Panachê de Legumes

INGREDIENTES (6 porções)

1 quilo de lagarto paulista limpo
150 gramas de cebola (metade cortada em rodelas, metade ralada)
1 colher de café de açúcar (pode ser mascavo)
1 cravo-da-índia
2 dentes de alho
1 colher de chá de óleo
3 colheres de sopa de vinagre
1/2 copo de sidra
1/2 colher de sopa de sal

MODO DE FAZER

Fazer uma vinha-d'alhos, juntando o alho soca-do, a cebola ralada, o vinagre, o sal e metade da sidra. Deixar a carne marinar por 8 horas. Melhor temperar de véspera.

Levar o óleo e o açúcar ao fogo, deixar corar, juntar a carne e corar por igual; tampar a panela por 5 minutos. Logo que a carne estiver corada, acrescentar o restante da sidra, o cravo e o resí-duo da vinha-d'alhos.

Cobrir a carne com água fervendo e deixar cozinhar até ficar bem macia e a água reduzida. Continuar corando.

Por fim, juntar o restante da cebola em rodelas grossas para fazer o molho do assado.

INGREDIENTES (6 porções)

350 gramas de galhos de couve-flor
250 gramas de vagem (inteiras)
240 gramas de cenoura (inteiras)
1/2 cebola média
1 alho-poró (inteiro)
1/4 de tablete de caldo de carne ou galinha desengordurado
1 envelope de adoçante
100 gramas de tomate sem pele e sem sementes
1 colher de café de margarina
Sal a gosto

MODO DE FAZER

Levar o tomate ao fogo com metade da margarina e 1/2 envelope do adoçante até desmanchar. Juntar a cebola já refogada no restante da margarina e do adoçante. Acrescentar o caldo de carne dissolvido em 2 xícaras de água e desengordurado.

Quando estiver fervendo, juntar os legumes inteiros, pela ordem: cenoura, vagem (amarrada de 10 em 10), alho-poró e, por último, os galhos de couve-flor. Assim que a couve-flor cozinhar, apagar o fogo e manter na panela. Servir bem quente.

Carne
Assada
Lardeada

Purê
de Vagem

INGREDIENTES (6 porções)

1 quilo de lagarto paulista (1 peça aproximadamente)
2 cenouras para lardear
1/2 quilo de cebola (metade ralada, metade cortada em rodelas)
2 dentes de alho
4 colheres de sopa de vinagre
4 colheres de sopa de vinho tinto seco
1 colher de chá de açúcar
1 colher de sopa rasa de sal
2 folhas de louro

MODO DE FAZER

Limpar a carne, furar no centro e lardear com as cenouras inteiras.

Preparar uma vinha-d'alhos com a cebola ralada, o alho, o sal, o vinagre e o louro; colocar a carne na vinha-d'alhos, tendo o cuidado de furá-la com o garfo e envolvê-la bem com o tempero. Deixar marinar até o dia seguinte.

Usando uma panela média, dourar o açúcar no óleo e corar o lagarto, que deve estar limpo dos temperos. Quando estiver bem corado, juntar os resíduos da vinha-d'alhos e o vinho, abafar a panela e abaixar o fogo; mexer de vez em quando até formar molho.

Cobrir a carne com água fervendo e deixar cozinhar até reduzir a água e a carne ficar macia. Acrescentar o restante da cebola e manter no fogo, virando sempre a carne para não pegar, até formar o molho novamente.

INGREDIENTES (4 porções)

600 gramas de vagem macarrão
1 colher de sobremesa de maisena
1 colher de sobremesa de manteiga ou margarina
1 colher de café de sal
1 colher de café de bicarbonato

MODO DE FAZER

Usando uma panela destampada, cozinhar a vagem em água fervendo, sal e bicarbonato (aproximadamente 20 minutos). Escorrer a água do cozimento, reservando um pouco, e cobrir a vagem com água bem fria (se possível, gelada).

Escorrer de novo e levar a vagem ao liquidificador aos poucos, até obter um purê homogêneo (se for necessário, usar um pouco da água do cozimento). Provar de sal.

Levar o purê ao fogo e ligar com maisena. Apagar o fogo e acrescentar a manteiga ou margarina.

É importante que seja a vagem macarrão; caso não encontre, passar o purê na peneira, depois de bater no liquidificador.

PRATO PRINCIPAL
cada porção
286 calorias

Carne Desfiada

GUARNIÇÃO
cada porção
67 calorias

Quibebe

INGREDIENTES (4 porções)
800 gramas de lagarto plano limpo
1 colher de café de açúcar
1 colher de chá de óleo
100 gramas de cebola cortada em rodelas grossas
1 molho de cebolinhas

INGREDIENTES DA VINHA-D'ALHOS
50 gramas de cebola moída
5 dentes de alho socados
1/2 colher de sopa de sal
1 folha pequena de louro
1 colher de sopa de vinagre

MODO DE FAZER
Cortar a carne em tiras largas e deixar na vinha-d'alhos desde a véspera.

Corar o açúcar com óleo, escorrer a carne e levar à panela para corar. Juntar o resíduo da vinha-d'alhos, metade das rodelas de cebola e abafar; acrescentar água fervendo aos poucos até a carne ficar macia e o molho bem corado. Retirar a carne do molho, deixar esfriar e desfiar. Desengordurar o molho e reservar.

Refogar a outra metade das rodelas de cebola, juntar a carne desfiada e ir regando com o molho desengordurado até obter uma carne leve e bem solta. Acrescentar a cebolinha picada larga, inclusive a parte branca.

INGREDIENTES (4 porções)
500 gramas de abóbora madura sem casca e sementes
1 colher de chá de óleo
1/2 cebola média
1/2 envelope de adoçante
1 dente de alho
1/2 molho de salsa e cebolinha
Sal a gosto

MODO DE FAZER
Cortar a abóbora em cubos.

Preparar um refogado com óleo, alho, cebola ralada e adoçante.

Juntar a abóbora e deixar cozinhar em fogo brando em uma panela tampada, sem água (ou com pouquíssima água). Quando estiver cozida, amassar até obter um purê homogêneo.

Provar de sal, apagar o fogo e juntar o tempero verde picado.

carnes

Carne Ensopada

Repolho com Manjericão

INGREDIENTES (4 porções)

800 gramas de patinho picado em retângulos
1 dente grande de alho
1 colher de sobremesa rasa de sal
1 colher de sobremesa rasa de páprica
Cebolinha cortada em pedaços grandes (de preferência, só a parte branca)
1 colher de sopa de farinha de trigo
1 fatia de bacon
4 colheres de sopa de suco de tomate
1 colher de sobremesa rasa de extrato de tomate
1/2 envelope de adoçante

MODO DE FAZER

Fritar o bacon na panela e escorrer toda a gordura. Fritar a carne na grelha e jogar na panela com o bacon; temperar com sal, páprica, alho e 1/2 envelope de adoçante.

Quando a carne estiver bem corada, borrifar com a farinha de trigo e continuar corando, revirando com uma colher de pau. Juntar o suco e o extrato de tomate, mexer bem, provar de sal e cobrir com bastante água quente.

Ferver em fogo médio até a carne ficar bem macia e o molho grosso. Apagar o fogo e juntar a cebolinha picada.

INGREDIENTES (4 porções)

500 gramas de folhas de repolho sem o talo central
100 gramas de cebola cortada em rodelas finas
4 colheres de sopa de suco de tomate
1 colher de chá de manjericão e tomilho a gosto
1/2 molho de cheiro-verde
1 envelope de adoçante
1 colher de chá de sal
1 colher de café de óleo

MODO DE FAZER

Levar a cebola ao fogo com o adoçante e o óleo até ficar transparente. Juntar 1/2 copo de água, sal, manjericão, tomilho e suco de tomate, deixar ferver. Apagar o fogo e juntar o cheiro-verde picado.

Colocar as folhas de repolho na panela, cobrir com o molho e levar ao fogo moderado por 1 hora.

Charuto de Couve com Carne Moída

Beterraba com Laranja

INGREDIENTES (4 porções)
600 gramas de folhas de couve escaldadas e sem os talos grossos
400 gramas de carne moída
5 colheres de sopa rasas de arroz cru
1 dente pequeno de alho
Salsa, cebolinha e hortelã a gosto
Páprica e sal a gosto
1 cebola grande picada
150 gramas de tomate picado
1 colher de sopa de extrato de tomate
1 colher de chá de óleo
1 colher de café de molho de soja

MODO DE FAZER
Escaldar as folhas de couve (sem cozinhar), retirando os talos grossos.
Lavar o arroz com antecedência em bastante água, deixando-o úmido.
Preparar o recheio, amassando bem a carne moída com o alho esmagado e o sal, juntar o arroz, a salsa e a cebolinha picadas e um pouco de hortelã macerada (cuidado para não usar em excesso). Acrescentar uma pitada de páprica.
Abrir as folhas de couve, colocar no centro a porção de recheio, enrolar os charutos sem apertar, prender com palito e cozinhar no molho.
Fazer um molho refogando no óleo a cebola, o tomate, o extrato de tomate, a salsa e a cebolinha. Juntar o molho de soja e a água necessária para cobrir bem os charutos e cozinhar o arroz. Aproximadamente 1 hora de cozimento.

INGREDIENTES (4 porções)
400 gramas de beterraba cozida cortada em quadradinhos
1/2 xícara de café de vinagre
4 colheres de sopa de água
1/2 envelope de adoçante
1 colher de chá de margarina
1 colher de chá de maisena
4 colheres de sopa de suco de laranja
Raspa de casca de laranja a gosto

MODO DE FAZER
Cozinhar a beterraba picada em quadradinhos em panela destampada até secar a água.
Levar ao fogo a maisena, o vinagre, o sal e o adoçante até aquecer. Juntar a beterraba mexendo levemente.
Deixar esfriar e acrescentar o caldo e a raspa de laranja.
Juntar a margarina e voltar ao fogo apenas para derreter.

carnes

PRATO PRINCIPAL
cada porção
268 calorias

Escalopinhos com Pimentão

GUARNIÇÃO
cada porção
114 calorias

Purê Branco

INGREDIENTES (4 porções)

600 gramas de escalopinhos (bifes pequenos de mignon ou alcatra)
1 colher de café de margarina
150 gramas de pimentão verde
1 colher de chá de molho inglês
2 colheres de sopa de vinho branco seco
100 gramas de cebola picada
1 colher de sobremesa de farinha de trigo
1 colher de sobremesa de molho de soja
1 colher de café de mostarda
1 colher de sobremesa de sal
Páprica a gosto

MODO DE FAZER

Cortar os filés médios de alcatra ou mignon e temperar com sal e páprica apenas na hora de passar na grelha; reservar o caldo.

Corar a cebola picada com a margarina numa panela e juntar o caldo reservado para obter um molho escuro. Torrar a farinha de trigo e desmanchar neste molho. Temperar com os molhos de soja e inglês, a mostarda e o vinho. Passar o molho na peneira.

Juntar os bifes ao molho e deixar ferver (para amaciar). Retirar os bifes, levar o molho ao fogo e, quando estiver fervendo, juntar os pimentões cortados em quadrados médios, deixando ferver por 2 ou 3 minutos. Na hora de servir, colocar os bifes numa travessa e cobrir com o molho bem quente.

INGREDIENTES (4 porções)

350 gramas de inhame
200 gramas de batata-doce
100 gramas de cebola ralada
1 colher de chá de margarina
1/2 envelope de adoçante

MODO DE FAZER

Cozinhar o inhame e a batata-doce com pouco sal. Passar na máquina de moer carne e também pela peneira.

Refogar a cebola com o adoçante até ficar transparente. Juntar a massa e continuar refogando, pingando água fervente até obter um purê leve. Provar de sal e apagar o fogo. Juntar a margarina e misturar bem.

PRATO PRINCIPAL
cada porção
224 calorias

Guisado Primaveril

GUARNIÇÃO
cada porção
38 calorias

Bertalha no Leite

INGREDIENTES (4 porções)
550 gramas de carne limpa
300 gramas de cenoura
250 gramas de couve-flor sem as folhas
100 gramas de pepino
100 gramas de nabo
Sal e páprica a gosto
1 dente de alho
1/3 da caixa pequena de suco de tomate
1 colher de sobremesa de farinha de trigo
1 envelope de adoçante
1 ramo de cheiro-verde

MODO DE FAZER
Cortar a carne em pedaços iguais (cubos de 2cm). Fritá-los em fogo forte, sem gordura. Acrescentar sal, páprica e adoçante.
Quando os pedaços estiverem bem corados, polvilhar com farinha de trigo e deixar corar mais, revirando-os com a colher de pau.
Cobrir a carne com água quente e juntar o cheiro-verde, o alho e o suco de tomate. Cozinhar em fogo brando, mantendo a panela tampada, até a carne ficar macia.
Retirar os pedaços e peneirar o molho.
Numa outra panela, colocar os pedaços de carne, cobrir com os de legumes, despejar o molho peneirado e, então, colocar os raminhos da couve-flor.
Cozinhar em fogo brando por 40 minutos ou até os legumes ficarem cozidos, porém firmes.

INGREDIENTES (4 porções)
4 molhos de bertalha
1 xícara de leite desnatado
1 pitada de fondor e manjericão
1 colher de sopa de salsa picada

MODO DE FAZER
Cortar as folhas escaldadas ao largo e colocar na panela com o leite, o sal, a salsa, o fondor e o manjericão.
Assim que ferver, diminuir o fogo e deixar cozinhar devagar até quase secar o molho.
Se for preciso, pode ligar com um pouco de maisena.

Goulash Húngaro

Repolho Roxo com Maçã

INGREDIENTES (4 porções)

600 gramas de carne cortada em cubos grandes (patinho ou chã)
200 gramas de cebola picada
150 gramas de tomate sem pele e sem sementes
1/2 envelope de adoçante
1 colher de chá de óleo ou margarina
1 colher de sopa de extrato de tomate
Páprica a gosto
1/2 colher de sopa de sal
1 colher de chá de molho de soja e outra de molho inglês
1 molho pequeno de cebolinha cortada em pedaços

MODO DE FAZER

Temperar a carne com o sal e a páprica, deixando repousar por, no mínimo, 4 horas. Pode ser na véspera.

Levar ao fogo a cebola, o óleo e o adoçante e deixar até ficar transparente. Juntar a carne e deixar corar; tampar a panela e diminuir o fogo. Juntar os tomates picados, o extrato de tomate e os molhos e deixar no fogo até formar um molho grosso.

Acrescentar água quente e deixar cozinhar até a carne ficar bem macia, de 1 a 2 horas, até o molho engrossar. Depois de pronto, juntar a cebolinha picada, aproveitando a parte branca.

INGREDIENTES (4 PORÇÕES)

500 gramas de repolho roxo cortado fino
200 gramas de maçã ácida
100 gramas de cebola picada
1 colher de chá cheia de margarina
1 dente de cravo-da-índia
2 envelopes de adoçante
1 colher de chá de mostarda em pasta
1 colher de chá de sal

MODO DE FAZER

Picar a maçã descascada e colocar em água com limão. Cortar o repolho.

Levar a margarina ao fogo com a cebola e metade do adoçante, até que a cebola fique transparente. Juntar a maçã picada, a mostarda, o cravo e abafar 5 minutos.

Misturar bem os ingredientes na panela. Colocar o repolho, o restante do adoçante e o sal. Tampar a panela e deixar em fogo brando até o repolho ficar bem macio e brilhante.

Hambúrguer à Slim

Vagem Cremosa

INGREDIENTES (4 porções)
600 gramas de carne moída
1/2 xícara de chá de leite desnatado
2 fatias de pão de fôrma sem casca
2 colheres de chá de sal
20 gramas de cogumelos picados
1 colher de chá de maisena

MODO DE FAZER
Amassar todos os ingredientes, inclusive o miolo de pão esmagado com leite e os cogumelos picados, até obter uma massa homogênea.
Fazer 4 ou 8 hambúrgueres sobre a tábua de carne, grelhar um por um, pingando água para apurar o caldo.
Fazer um molho do caldo apurado e da água dos cogumelos, engrossando-o com a maisena. Cobrir os hambúrgueres na hora de servir.

INGREDIENTES (4 porções)
600 gramas de vagem cortada
1 colher de sobremesa de margarina
2 gemas
1 dente de alho
100 gramas de cebola picada
Manjericão e salsa picadinha a gosto

MODO DE FAZER
Escaldar a vagem cortada.
Refogar o alho e a cebola com metade da margarina; juntar a vagem pré-cozida e o manjericão; acrescentar 100ml de água quente e ferver por 5 minutos. Retirar a vagem, coar a água e peneirar os temperos.
Passar as gemas também na peneira, pingar água e bater muito bem na batedeira. Levar a água do cozimento ao fogo até ferver e colocar aos poucos sobre as gemas batidas. Continuar em fogo brando, sempre mexendo e sem deixar ferver, até engrossar. Apagar o fogo, juntar o resto da margarina e a salsa picadinha. Despejar o molho sobre a vagem e misturar com cuidado.

PRATO PRINCIPAL
cada porção
305 calorias

Língua
ao Molho
Madeira

GUARNIÇÃO
cada porção
112 calorias

Purê
de Batatas

INGREDIENTES (4 porções)
1 língua bovina sem garganta (900 gramas)
150 gramas de cebola
1 dentes de alho
1 colher de sopa de vinagre
1 1/2 colher de sopa de vinho madeira
1 folha pequena de louro
Uma pitada de páprica picante
2 colheres de sobremesa de farinha de trigo
1 colher de chá de sal

MODO DE FAZER
Escaldar a língua, retirar a pele e levar ao fogo para cozinhar sem sal. Assim que começar a amaciar, retirar da panela, desengordurar o caldo e reservar.

Levar a língua ao fogo, desta vez com sal, alho, cebola, louro e páprica; tampar a panela e deixar por 10 minutos, sacudindo a panela para não pegar; acrescentar o vinagre, cobrir com o caldo fervendo e cozinhar em fogo médio até ficar bem macia.

Retirar a língua, cortar em fatias e reservar. Desengordurar o molho e passar pela peneira. Torrar a farinha de trigo (até ficar marrom), juntar o vinho madeira e o caldo desengordurado. Em seguida, levar ao fogo até obter um molho mais ou menos espesso. Provar de temperos.

Mergulhar os pedaços de língua no molho e deixar ferver por 15 minutos antes de servir.

INGREDIENTES (4 porções)
600 gramas de batata descascada
150 gramas de cebola batida no liquidificador
1 colher de sobremesa de margarina
2 colheres de sopa de leite
1 colher de chá de sal

MODO DE FAZER
Cozinhar as batatas descascadas com sal e pouca água. Reservar a água, passar as batatas ainda quentes na máquina de moer ou espremedor. Juntar a metade da margarina e bater bem.

Desmanchar o leite em um copo de água do cozimento e amaciar o purê. Se for preciso, juntar mais água do cozimento.

Acrescentar a cebola e levar ao fogo, batendo até soltar da panela; juntar o restante da margarina.

carnes

Picadinho à La Strogonoff

Se desejar, em vez do bechamel, usar 1/4 de copo de iogurte natural e desnatado com 1 colher de chá de maisena.

Desmanchar o iogurte com a maisena, batendo para ficar bem liso, e ir juntando o caldo do picadinho aos poucos, até ficar tudo bem misturado. Cobrir a carne e levar ao fogo brando, sempre mexendo. Assim que começar a ferver, apagar o fogo.

INGREDIENTES (4 porções)
600 gramas de alcatra cortada para strogonoff
150 gramas de cebola picada
3 colheres de sobremesa rasas de farinha de trigo
1 colher de sopa de margarina
3 colheres de sopa de vinho branco
1 colher de sobremesa de molho de soja
1 colher de café de rum
12 cogumelos médios em conserva

INGREDIENTES DO BECHAMEL
6 colheres de sopa de farinha de trigo
1 colher de chá cheia de margarina
1 xícara de leite desnatado
1/2 cebola média ralada
1 colher de café de sal
1/2 envelope de adoçante
Páprica picante e sal a gosto

MODO DE FAZER
Temperar a carne com sal e páprica picante. Passar na farinha de trigo e fritar rapidamente na margarina, sacudindo a panela.

Reservar, mantendo a carne na panela tampada e quente fora do fogo.

Numa frigideira, colocar o adoçante e corar a cebola até ficar quase marrom. Depois, adicioná-la à carne, junto com a água da fritura da cebola, o molho de soja e o vinho branco. Acrescentar o rum e os cogumelos, aproveitando a sua água. Em seguida, misturar o bechamel à carne e levar ao fogo mexendo sempre. O molho deve ficar espesso. Se necessário, adicionar um pouco de maisena para ligar.

Batatas Americanas

INGREDIENTES (4 porções)
600 gramas de batata-inglesa cortada em rodelas grossas
2 colheres de chá de sal
1 copo raso de leite desengordurado
1 colher de chá de margarina
2 colheres de sopa rasas de queijo parmesão ralado

MODO DE FAZER
Escaldar as batatas com água e sal, sem deixar cozinhar.

Untar ligeiramente um prato refratário com margarina e sobre ele arrumar uma camada de batatas.

Derreter a margarina no leite quente e cobrir as batatas. Polvilhar com todo o queijo e, na hora de servir, levar ao forno quente para corar.

Rolo
de Carne

Pudim
de Banana

INGREDIENTES (4 porções)
600 gramas de patinho limpo e aberto
1 dente de alho esmagado
1/2 cebola pequena moída
Salsa e cebolinha picadas a gosto
1 colher de sopa rasa de sal
Páprica e manjericão
25 gramas de fatias finas de presunto
1 cenoura pequena em tiras
1 colher de café de óleo
1 colher de café de açúcar
1 xícara de cafezinho de vinho tinto seco

MODO DE FAZER
Preparar uma mistura bem ligada dos temperos. Abrir a carne em um ou dois panos finos bem batidos. Passar uma camada dos temperos, cobrir com pedaços de presunto e tiras de cenoura. Ir enrolando bem apertado. Amarrar cada rolo (um ou dois) bem firme, usando barbante.
Corar a carne em uma panela untada com o óleo e o açúcar. Depois, regar com vinho e cozinhar em fogo baixo, cobrindo com água quente aos poucos, até que fique bem macia. Servir em fatias.

INGREDIENTES (4 porções)
500 gramas de banana-prata bem madura e sem casca
2 colheres de sobremesa de farinha de mandioca fina
1/2 envelope de adoçante
1 colher de café rasa de sal
Uma pitada de páprica doce
Um pouco de farinha de rosca e margarina para untar a fôrma.

MODO DE FAZER
Amassar as bananas e juntar a farinha de mandioca, o adoçante, o sal e a páprica.
Untar uma fôrma de canudo pequena com margarina e farinha de rosca. Colocar a massa de banana, salpicar um pouco mais de farinha de rosca e assar em banho-maria.

Rosbife com Alcaparras

Forminhas de Vagem

INGREDIENTES (6 porções)

900 gramas de maminha de alcatra
1 colher de sobremesa de sal
1/2 colher de café de páprica ou pimenta-do-reino moída
1 colher de chá de margarina
1 colher de chá de maisena

MODO DE FAZER

Limpar a maminha acertando as pontas e temperar com sal e páprica ou pimenta, deixando descansar por, no mínimo, 2 horas.

Amarrar a carne formando o rolo, untar com manteiga ou margarina, colocar numa assadeira pequena e levar ao forno bem quente durante 25 minutos.

Retirar do forno, cortar em fatias, aparar o caldo e o resíduo da assadeira, aumentar com água para obter 1 copo, acrescentando molho inglês e sal, se necessário.

Se quiser servir com molho simples, basta engrossar o caldo apurado com a maisena. Mas se desejar preparar um delicioso molho de alcaparras, corar na panela 1 colher de café de farinha de trigo até ficar bem marrom, sem queimar. Ainda quente, juntar 1 colher de café de manteiga ou margarina, 5 colheres de sopa de vinho tinto e desmanchar com o caldo já apurado.

Coar em peneira fina, acrescentar uma colher de sopa cheia de alcaparras e levar ao fogo, mexendo sempre até engrossar. Provar de sal e cobrir as fatias de rosbife.

INGREDIENTES (4 porções)

600 gramas de vagem picada
1 xícara de leite desnatado
2 ovos
Sal e fondor a gosto
1 colher de café rasa de bicarbonato

MODO DE FAZER

Cozinhar a vagem com água, sal e bicarbonato, escorrer em seguida.

Desmanchar os ovos com a faca, juntar o leite, temperar com sal e fondor, misturar bem e coar sobre a vagem.

Assar em forminhas ligeiramente untadas, em banho-maria.

carnes

PRATO PRINCIPAL
cada porção
275 calorias

Trouxinha de Repolho com Carne Moída

Rechear cada folha com uma porção do recheio e prender com palito, formando uma trouxa.
Cozinhar as trouxinhas no molho de tomate e retirar os palitos para servir.
Para preparar o molho, levar o suco de tomate ao fogo, acrescentar o adoçante e mexer com cuidado até ferver. Acrescentar o alho, o orégano e água suficiente para fazer 1 copo de molho.

INGREDIENTES (4 porções)

600 gramas de folhas de repolho escaldada
350 gramas de carne moída crua
150 gramas de tomate sem pele e sem sementes
120 gramas de cebola picada
2 dentes de alho socados
1 1/2 colher de sobremesa de extrato de tomate
1 colher de café de óleo
1 pimentão pequeno picado
2 colheres de chá rasas de sal, adoçante, páprica, salsa e orégano
1 envelope de adoçante
1 colher de café de páprica
Salsa e orégano a gosto

INGREDIENTES DO MOLHO

2/3 de caixa pequena de suco de tomate
1/2 dente de alho esmagado
Orégano e adoçante a gosto

MODO DE FAZER

Colocar na panela a carne com o óleo, o alho, a cebola e os tomates picados; juntar o adoçante, o orégano, a páprica e o sal; refogar, mexendo sempre, até a carne ficar bem solta.
Acrescentar o extrato de tomate e 1/2 copo de água quente; deixar cozinhar em fogo brando até obter um molho bem grosso. Juntar o pimentão picado.
Escaldar o repolho em água e sal e separar as folhas, retirando o talo grosso, sem rasgar, reservar.

GUARNIÇÃO
cada porção
18 calorias

Nabos Glacê

INGREDIENTES (4 porções)

350 gramas de nabos japoneses limpos
2 envelopes de adoçante
Sal a gosto

MODO DE FAZER

Descascar e cortar os nabos em juliana um pouco mais grossa; cozinhar em água e sal e escorrer a água. Voltar os nabos para a panela e cobri-los com água quente e adoçante. Deixar ferver por 15 minutos.

Virado de Carne com Agrião

Polenta

INGREDIENTES (4 porções)
550 gramas de carne moída
5 colheres de sopa de cebola picada
7 colheres de sopa de tomate maduro picado
1 dente de alho socado
1 colher de café de óleo
1 colher de sopa de extrato de tomate
1 colher de café de molho de soja e de vinagre
Uma pitada de páprica picante
400 gramas de agrião picadinho (inclusive os talos)
1/2 envelope de adoçante
1/2 colher de sopa de sal

MODO DE FAZER
Refogar a carne na panela com óleo, alho, cebola, tomate, sal, páprica e adoçante mexendo até a carne ficar bem solta e corada.

Acrescentar o extrato de tomate com o vinagre e a soja, refogando por mais 5 minutos. Cobrir bem com água fervendo (aproximadamente 1 copo) e deixar cozinhando em fogo brando até obter um molho bem grosso.

Juntar o agrião, que já deve estar preparado com antecedência, e mexer rapidamente para misturar, deixar cozinhar por 5 minutos e retirar do fogo.

INGREDIENTES (4 porções)
60 gramas de fubá fino
1 colher de café de óleo
Sal e alho esmagado a gosto

MODO DE FAZER
Levar o alho esmagado com o óleo ao fogo e refogar sem escurecer. Acrescentar um copo e meio de água fervendo e ir juntando o fubá, desmanchado em um copo ou mais de água fria (deve ficar bem grosso).

Manter a panela em fogo brando até que o fubá fique bem cozido (soltando da panela); mexer de vez em quando. Proteja-se com a tampa da panela, pois a polenta costuma respingar.

Bife à Parmegiana com Berinjela Frita

INGREDIENTES (4 porções)
4 bifes de 130 gramas cada um
1 colher de chá de sal
1 dente de alho
Uma pitada de páprica
1 colher de sopa de vinagre
120 gramas de mozarela ralada
5 colheres de chá de queijo parmesão
1 ovo
2 colheres de sobremesa de farinha de trigo
1/3 de xícara de leite desnatado

INGREDIENTES DO MOLHO
3/4 de xícara de suco de tomate
1 colher de café de sal
1/2 envelope de adoçante
2 colheres de sopa de molho de soja
Orégano e páprica a gosto
1 copo pequeno de água (150 ml)
1 colher de café de maisena

INGREDIENTES DA BERINJELA FRITA
500 gramas de berinjela cortada em fatias longitudinais
1 colher de chá de sal
Óleo para untar a grelha ou frigideira
Farinha de trigo para secar as fatias
1 1/2 colher de sopa de queijo parmesão ralado

MODO DE FAZER
Temperar os bifes bem batidos com sal, alho, páprica e vinagre. Deixar marinar por 2 horas. Preparar a massa com o ovo, a farinha de trigo e o leite desnatado.

Enxugar os bifes, passar na massa, e escorrer, fritar na grelha ou frigideira antiaderente e reservar.

Preparar o molho, levando o suco de tomate ao fogo com o adoçante. Deixar ferver por 3 minutos, apagar o fogo e acrescentar o orégano, a páprica, o sal, a soja e a água. Deixar ferver por mais 1 minuto e ligar com a maisena.

Esfregar as fatias de berinjela com a porção de sal indicada e deixar 15 minutos. Secar as fatias com toalha de papel, para tirar o excesso de sal e água. Passar ligeiramente na farinha de trigo e fritar na grelha ou frigideira antiaderente, corando os dois lados.

Colocar a berinjela frita numa travessa refratária e cobrir com 1 1/2 colher de queijo parmesão. Arrumar os bifes sobre a berinjela, cobrir com a mozarela, o molho e as 5 colheres de chá de queijo parmesão ralado.

Na hora de servir, levar ao forno para gratinar.

Bolo de Cenoura Recheado com Carne e Bertalha

INGREDIENTES (4 porções)
600 gramas de cenoura cozida e moída
2 ovos inteiros
1 copo pequeno de leite desnatado (150 ml)
1/2 tablete de caldo de carne concentrado
1 colher de sobremesa de maisena
3 colheres de sopa de queijo parmesão ralado
(2 na massa, 1 para polvilhar)
Orégano ou manjericão a gosto

Panquecas de Carne ao Sugo

INGREDIENTES DO RECHEIO DE CARNE

350 gramas de carne moída
70 gramas de tomate sem pele e sem sementes
1/2 cebola pequena picada
1 colher de sopa rasa de extrato de tomate
1 dente grande de alho amassado
2 colheres de chá de óleo
1 colher de chá de sal
Molho de soja, páprica e cheiro-verde picado a gosto
1/2 envelope de adoçante

INGREDIENTES DO RECHEIO DE BERTALHA

500 gramas de folhas de bertalha (4 molhos grandes)
1/2 copo de leite desnatado
Salsa picadinha, sal e fondor a gosto

MODO DE FAZER

Bater os ovos no liquidificador por 2 minutos. Juntar o leite, o concentrado de carne, a maisena, as 2 colheres de queijo, o orégano ou manjericão, a cenoura moída e bater mais um pouco. Para preparar o recheio de carne, colocar na panela a carne, o tomate, a cebola e o alho. Refogar bem até o tomate e a cebola desaparecerem, tendo o cuidado de soltar bem a carne.

Despejar a metade da massa em um refratário, rechear com a carne e com a bertalha, cobrir com o restante da massa e polvilhar com o queijo parmesão. Levar ao forno pré-aquecido por aproximadamente 30 minutos antes de servir.

Acrescentar o extrato de tomate, a páprica, o molho de soja, cheiro-verde e refogar. Juntar 1 copo de água fervendo e deixar no fogo até a água reduzir.

Para fazer o recheio de bertalha, cortar as folhas escaldadas e colocar na panela com o leite, o sal e o fondor. Assim que ferver, diminuir o fogo e deixar cozinhar em fogo brando até que esteja quase seco. Antes de usar, retirar as folhas e escorrer todo o caldo na peneira.

INGREDIENTES DA MASSA (4 porções)

2 ovos
15 colheres de sobremesa de farinha de trigo
1 1/4 copo de leite desnatado

INGREDIENTES DO RECHEIO

200 gramas da carne moída
1/2 cebola picada
2 tomates sem pele e sem sementes
1 envelope de adoçante
1 colher de café de sal
1 colher de sobremesa de extrato de tomate
Molhos de soja e inglês a gosto
12 azeitonas pretas picadas

INGREDIENTES DO MOLHO

100 gramas de tomate maduro e cortado
2 dentes de alho amassados
1 colher de chá de extrato de tomate
Adoçante, sal e molho de soja a gosto
1 colher de café de margarina
4 colheres de chá de queijo parmesão ralado para polvilhar as panquecas.

MODO DE FAZER

Para obter a massa bem fina, desmanchar os ovos com uma faca, juntar a farinha aos poucos e misturar bem; acrescentar o leite pouco a pouco e passar pela peneira. Fazer as panquecas colocando quantidades iguais de massa numa frigideira antiaderente com mais ou menos 18cm de diâmetro, ligeiramente untada.
Deve render 12 unidades.
Preparar o molho de tomate colocando todos os ingredientes na panela e mexendo no fogo até homogeneizar.

Fazer o recheio colocando numa panela a carne moída, os tomates, o adoçante, o sal e a cebola. Mexer bem, deixando em fogo forte até a carne corar e ficar bem solta. Acrescentar o extrato de tomar e os molhos de soja e inglês, misturar bem e cobrir com água quente. Manter no fogo até secar a água, mas sem ressecar o molho. Juntar as azeitonas picadas, deixar esfriar e rechear as panquecas.

Arrumar as panquecas numa travessa refratária, cobrir com o molho de tomate, polvilhar com o queijo parmesão e levar ao forno por 15 minutos antes de servir.

Torta de Berinjela Recheada com Carne

INGREDIENTES (4 porções)
1 quilo de berinjela fatiada
1 colher de chá de sal para untar as fatias
Óleo para untar a grelha
2 fatias de pão torrado (*crotons*)
5 colheres de sopa de queijo parmesão ralado
1 porção de bechamel
1 gema

INGREDIENTES DO RECHEIO
400 gramas de carne moída
80 gramas de tomate sem pele e sem sementes
Orégano, páprica e molho de soja a gosto
1 colher de chá de extrato de tomate
2 xícaras de água fervendo

INGREDIENTES DO BECHAMEL
1 colher de café de margarina

1 colher de sobremesa de farinha de trigo
1 cebola pequena picada
1 copo de leite desnatado

MODO DE FAZER
Cortar a berinjela descascada em fatias médias; polvilhar com o sal e deixar de lado por uns 15 minutos. Tirar o excesso de sal e de água com toalha de papel; fritar em frigideira antiaderente, untando com óleo e corando os dois lados. Dividir em duas porções.

Preparar o molho com a carne moída, colocando todos os ingredientes na panela, exceto o extrato de tomate e o molho de soja. Corar bem, acrescentar a água e deixar cozinhar; juntar o extrato e o molho de soja e reservar.

Picar o pão em cubinhos e torrar (*crotons*). Dividir em duas porções.

Espalhar uma das porções no fundo de uma travessa refratária, cobrir com a metade do molho de carne, acrescentar metade das fatias de berinjela e cobrir com 1/3 do queijo parmesão. Repetir as camadas com o resto do molho das berinjelas e mais 1/3 do queijo.

Bater bem as gemas com uma colher de café de água e misturar com o bechamel. Cobrir o refratário com a mistura e salpicar o resto dos *crotons* e do queijo por cima. Na hora de servir, colocar em forno pré-aquecido durante 40 minutos ou até a capa ficar dourada e tostada.

O que Ligia faz com seu trabalho é perpetuar a juventude das pessoas. Ninguém lhe daria crédito se ela não fosse o próprio logotipo de seu negócio.
Neste livro vamos aprender muitos de seus outros segredos. Não é só malhar*, não. Além de amar este negócio chamado viver — coisa que Ligia faz com grande competência — é preciso comer direitinho. Sem sofrer, tudo tem que ser com alegria, tem que ter aquele sorrisão da moça.*

Ziraldo

Assado com pele e regado com molho de laranja. Um pecado! Nada tão adorável quanto este franguinho servido com farofa de ameixa. É o meu preferido quando escolho cair no pecado e depois me penitenciar, passando um dia inteiro só com líquidos.

Fora este deslize, o frango que como é sempre grelhado ou ensopado, sem nenhuma gordura. Tiro até mesmo aquelas amarelinhas que ficam dentro das articulações da coxa. Asinha, assada ou ensopada, é proibida para quem faz dieta, pois quando se retira a pele, sobra apenas o osso.

Mas há horas em que não dá para resistir. Olho para um lado e para o outro, ninguém me observando, sorrateiramente acabo me atracando com uma daquelas asinhas bem saborosas.

Felizmente isto não precisa acontecer com freqüência. Aprendi que é possível preparar uma excelente carne de ave e obter um prato de baixa caloria.

AVES

Almôndegas de Frango

Miscelânea de Legumes

INGREDIENTES (4 porções)
600 gramas de carne de frango moída
1 colher de sopa de farinha de trigo
2 colheres de sopa de cheiro-verde picadinho
2 fatias de pão de fôrma sem casca
1 colher de chá rasa de sal

INGREDIENTES DO MOLHO
200 gramas de tomate maduro sem pele e sem sementes
100 gramas de cebola picada
1 colher de café de margarina
1 colher de sobremesa de molho de soja
1/2 envelope de adoçante
1/4 de lata pequena de massa de tomate
1 xícara de chá de caldo de galinha
1 pitada de sal

MODO DE FAZER
Amassar a carne, o pão umedecido em água quente (se necessário, passar na peneira), o sal e o cheiro-verde bem picadinho, até obter uma massa bem ligada.

Fazer as bolinhas em múltiplo de 4, passar ligeiramente na farinha de trigo e cozinhar no molho em fogo baixo.

Para preparar o molho, levar os tomates e as cebolas ao fogo com a margarina, o adoçante e o sal, refogando rapidamente.

Desmanchar a massa de tomate com o caldo de galinha, juntar o molho de soja e despejar sobre os demais temperos. Deixar ferver por 3 minutos, diminuir o fogo, colocar as almôndegas e cozinhá-las em panela tampada.

INGREDIENTES (4 porções)
350 gramas de abobrinha com casca e sem sementes
200 gramas de batata-inglesa
200 gramas de cenoura ralada
1 cebola pequena ralada
4 tomates médios sem pele e sem sementes
1 colher de chá de margarina
1 colher de café de maisena
1/2 colher de sopa rasa de sal
1 envelope de adoçante
1 pitada de páprica doce
1 molho de salsa picada

MODO DE FAZER
Desmanchar os tomates em fogo brando com 1/3 da margarina e o adoçante; juntar a cebola ralada, o sal, a páprica e manter no fogo, com a panela tampada, por 10 minutos.

Colocar na panela pela ordem a cenoura, a batata e a abobrinha em pedaços, mantendo a panela tampada em fogo baixo, sem água.

Quando os legumes estiverem cozidos, misturá-los bem e deixar no fogo, com a panela aberta, por mais 5 minutos.

Passar tudo junto pela máquina de moer carne (ralo grosso) e deixar escorrendo na peneira.

Ligar o molho que ficou na panela com a maisena e juntar os legumes escorridos, mexendo até aparecer o fundo da panela. Apagar o fogo e juntar o restante da margarina e a salsa picada.

Assado de Frango

Purê de Agrião

INGREDIENTES (4 porções)
800 gramas de peito especial (2 unidades)
1/2 xícara de caldo de laranja
1 xícara de vinho branco seco
1 colher de sobremesa de sal
1 colher de chá de mostarda em pasta
1 colher de chá de farinha de trigo levemente torrada

MODO DE FAZER
Limpar os peitos de frango, deixando o osso central e retirando a pele; esfregar com a mistura de sal e mostarda em pasta e deixar marinar de véspera.

Arrumar os peitos em tabuleiro ligeiramente untado com margarina, regar com a metade do caldo de laranja misturado com o vinho e cobrir com papel laminado.

Levar ao forno por 30 minutos, regando os pedaços com o caldo; quando a carne estiver macia, retirar do forno.

Despejar o molho numa panela e, com um pouco de água quente, retirar o resíduo do tabuleiro. Desengordurar o caldo, completar 1 copo com o caldo de frango e o resto de caldo de laranja. Levar ao fogo para obter um molho consistente, engrossando com a farinha de trigo torrada.

INGREDIENTES (4 porções)
500 gramas de abobrinha limpa
1 cebola pequena
200 gramas de batata-inglesa descascada
200 gramas de agrião picadinho com talo
Sal a gosto
1/2 tablete de caldo concentrado de galinha
1 envelope de adoçante

MODO DE FAZER
Refogar a cebola com o adoçante, a abobrinha, a batata-inglesa e o caldo concentrado de galinha. Passar na máquina de moer carne com o disco mais fino e levar ao fogo para reduzir a água.

Quando estiver soltando da panela, juntar o agrião picado. Deixar no fogo por mais ou menos 5 minutos para misturar bem

Coq-Au-Vin

Espuma de Couve-Flor

INGREDIENTES (4 porções)
8 sobrecoxas de frango
1 cubo grande de carne de ave defumada
(2cm x 2cm)
8 cebolas para conserva ou 2 médias
1 dente grande de alho
3 colheres de sopa de álcool de cereais
12 cogumelos médios e frescos
2 colheres de café de margarina
1/2 xícara de vinho branco seco
1 colher de café de farinha de trigo
1 amarrado de salsa e cebolinha

MODO DE FAZER
Corar o cubo de frango defumado e as cebolas inteiras em metade da margarina; juntar os pedaços de frango, o alho esmagado, a salsa, a cebolinha e os cogumelos frescos. Deixar dourar em fogo forte, mantendo a panela tampada. Desengordurar o molho, cobrir o frango com o álcool (afastado do fogo) e flambar. Acrescentar o vinho e cozinhar em fogo forte. Pingar água até amaciar.

Quando estiverem macios, retirar os pedaços de frango e aumentar o molho, ligando-o com a outra colher de margarina amassada e a farinha de trigo. Cobrir os pedaços de frango com o molho.

INGREDIENTES (4 porções)
500 gramas de couve-flor sem talo
2 colheres de sopa rasas de leite em pó desnatado
Raspa de noz-moscada
1 colher de chá de sal

MODO DE FAZER
Colocar a couve-flor na panela com o leite em pó, o sal e uma pitada de noz-moscada; cobrir com água e ferver por 40 minutos.

Escorrer todo o líquido e bater a couve-flor rapidamente no liquidificador. Deve ficar um purê. Servir bem quente.

aves

Escalopinhos de Frango

Salada Campestre

INGREDIENTES (4 porções)

600 gramas de bifes finos de peito de frango
1 colher de chá de margarina
1/2 colher de sopa de sal e páprica doce
1 colher de sopa de vinho branco seco
1 colher de sopa de álcool de cereais
1 cebola média
1 colher de chá de maisena
1 colher de sopa de molho de soja
1/2 colher de chá de molho inglês
1/2 colher de chá de mostarda
1 colher de sopa de passas
6 cogumelos médios picados

MODO DE FAZER

Temperar os bifes com sal e páprica doce e passar na grelha, guardando o caldo.

Fritar a cebola na margarina e juntar ao caldo reservado; completar com água 2/3 do copo de caldo; acrescentar os molhos de soja e inglês, a mostarda, álcool e o vinho branco. Ferver até a cebola amaciar. Passar o molho na peneira, juntar a maisena e levar ao fogo. Quando estiver fervendo, acrescentar os bifes e continuar a ferver por mais 30 minutos ou até ficarem macios. Juntar as passas e os cogumelos ao molho e cobrir os bifes.

INGREDIENTES

200 gramas de vagem
120 gramas de cogumelo
1 maçã pequena
120 gramas de cenoura ralada
1/3 da lata de milho em conserva
1 pepino grande
Cebolinha picada (parte branca)
1 envelope de adoçante

INGREDIENTES DO MOLHO VINAGRETE

1 colher de sobremesa de azeite
1 colher de sobremesa de vinagre
1/2 xícara de café de caldo concentrado de ave
2 colheres de chá de suco de limão
Sal e pimenta branca a gosto
1 pitada de adoçante

MODO DE FAZER

Cortar a vagem em navetes finas, os cogumelos em lâminas finas e a polpa do pepino (sem casca e sem sementes) em cubos pequenos. Cortar a maçã em cubos e colocar em água com uma colher de sal.

Cozinhar a vagem e o pepino *al dente*, separadamente (2 minutos cada um). Escorrer a maçã e escaldar com o adoçante, sem deixar cozinhar. Misturar todos os ingredientes (vagem, cogumelos, pepino e maçã) e temperar com o molho vinagrete, juntar a cebolinha picada e arrumar numa travessa.

Ralar a cenoura, espremer e distribuir à volta da salada. Salpicar o milho sobre a salada.

PRATO PRINCIPAL
cada porção
171 calorias

Frango Agridoce

o molho engrosse. Assim que o frango estiver cozido, soltar os pedaços com um garfo, colocar no molho e virar delicadamente (sempre em fogo brando).

INGREDIENTES (4 porções)

600 gramas de peito de frango cortado em cubos
1/2 colher de sopa de sal
1 colher de sopa de molho de soja
1 ovo pequeno
1 colher de sopa de maisena
2 colheres de sopa de água
1 cebola pequena
1 pimentão (1/2 verde, 1/2 vermelho)

INGREDIENTES DO MOLHO

2 envelopes de adoçante
1 colher de sopa de vinagre
1 colher de sobremesa de maisena
1 colher de sopa de molho de soja
1 colher de sopa de suco de tomate
1 colher de sopa de água
1 colher de sopa de caldo de laranja

MODO DE FAZER

Cortar a carne em cubos, esfregar com sal, acrescentar o molho de soja e deixar descansar por 1 hora. Cortar a cebola em rodelas finas e o pimentão em tiras; reservar.

Formar massa com o ovo, a maisena e água. Passar os pedaços de frango na massa e colocar em tabuleiro ligeiramente untado; levar ao forno bem quente (20 minutos). Preparar o molho enquanto o frango estiver no forno, para que possa receber a carne ainda quente.

Misturar os ingredientes do molho em uma tigela, reservando 1 envelope de adoçante.

Levar as rodelas de cebola ao fogo com 1 envelope de adoçante, mexendo sempre para não queimar; mexer a mistura do molho e despejar na panela junto com os pimentões; mexer até que

GUARNIÇÃO
cada porção
102 calorias

Repolho Branco com Maçã e Passas

INGREDIENTES (4 porções)

600 gramas de repolho branco
200 gramas de cebola picada
1 envelope de adoçante
1 colher de chá de sal
200 gramas de maçã ácida picada
2 colheres de chá de margarina
1/2 xícara de caldo de frango desengordurado
20 gramas de passa sem caroço

MODO DE FAZER

Levar ao fogo a cebola com a margarina, o adoçante e o sal, refogando sem deixar queimar.

Juntar a maçã picada e o repolho, regar com o caldo de galinha e abafar a panela até o repolho murchar e a maçã desmanchar.

Juntar as passas e deixar o repolho cozinhar bem.

Frango com Brócolis à Indiana

Paçoca de Batata

INGREDIENTES (4 porções)
8 coxas de frango (aproximadamente, 1 quilo)
100 gramas de tomate maduro
100 gramas de cebola
1 colher de chá de extrato de tomate
1 colher de sobremesa de sal
1/2 colher de café de mostarda em pó e páprica picante
1 dente de cravo-da-índia
1 colher de café de margarina
1 colher de sopa rasa de farinha de trigo
2 molhos de brócolis sem folhas
1/2 colher de café de bicarbonato

MODO DE FAZER
Temperar o frango com o sal, a mostarda, a páprica picante e o dente de cravo-da-índia. Deixar marinar de um dia para o outro.

Escaldar os brócolis com o sal e o bicarbonato e reservar só as flores e os talos.

Corar os pedaços de frango e cobri-los com o refogado, já preparado com o extrato de tomate, as cebolas em rodelas e os tomates picados (sem pele e sem sementes). Deixar cozinhar, juntando água aos poucos, até amaciar. Desfiar a carne (em pedaços grandes) e reservar.

Levar os ossos ao fogo com um pouco de água e retirar o caldo. Aumentar o molho do ensopado com esse caldo, completando 1/2 litro.

Juntar o frango desfiado ao caldo e provar de sal. Quando começar a ferver, acrescentar os brócolis picados (talos e flores), sacudir a panela para misturar e deixar ferver de 15 a 20 minutos.

Corar a farinha de trigo, juntar a margarina e engrossar o molho.

INGREDIENTES (4 porções)
450 gramas de batata-inglesa
100 gramas de cebola
200 gramas de tomate
1 colher de sopa bem cheia de suco de tomate
1 colher de café de margarina
Sal e adoçante a gosto
Fondor

MODO DE FAZER
Cortar as batatas em cubos grandes e deixar na água (gelada, de preferência).

Preparar o refogado com as cebolas, os tomates picados (sem pele e sem sementes), o adoçante, uma pitada de sal e a margarina. Depois, acrescentar o suco de tomate e o fondor, provar de sal e de adoçante.

Juntar as batatas, escorridas, ao refogado, abafar a panela e manter em fogo brando até que estejam cozidas, pingando água durante o cozimento para não pegar no fundo. Cuidado para não amassar as batatas.

aves

**Frango
ao Curry**

**Arroz
à Grega**

INGREDIENTES (4 porções)
600 gramas de filé de frango cortado ao meio
100 gramas de tomate maduro sem pele e sem sementes
100 gramas de cebola picada
1 colher de chá de sal
1 colher de chá de páprica doce
1 colher de sobremesa de extrato de tomate
1 colher de sobremesa de molho de soja
1 colher de chá de curry em pó
1/2 quilo de maçã ácida
1 colher de chá de margarina
1 colher de sopa de farinha de trigo

MODO DE FAZER
Colocar na panela os filés de frango; acrescentar os tomates, as cebolas, o extrato de tomate, o molho de soja, a páprica e o sal; levar ao fogo até corar. Cobrir com água fervendo e deixar no fogo até a carne do frango ficar tenra.
Retirar a carne e reservar; apurar o caldo, juntando mais água até completar 1 1/2 copo, e passar pela peneira com todos os temperos.
Colocar na panela a maçã em pedaços, a margarina e a farinha de trigo, levar ao fogo brando até desmanchar a maçã. Juntar o caldo apurado e manter no fogo até desmanchar toda a massa. Temperar com curry, juntar a galinha, deixar ferver por 20 minutos e apagar o fogo.

INGREDIENTES (4 porções)
400 gramas de arroz branco cozido
100 gramas de cenoura picada
1/2 lata de ervilha em conserva
2 pimentões (verde e vermelho) picados
40 gramas de passa sem caroço
1 colher de sopa de margarina
Salsa e cebolinha picadas
Sal e adoçante

MODO DE FAZER
Cortar a cenoura em cubos pequenos, cozinhar com pouco sal e adoçante.
Preparar o arroz branco com alho e cebola, bem solto.
Cortar os pimentões em cubinhos, escorrer as ervilhas e reservar.
Levar 1/3 da margarina ao fogo com a cebola e deixar ficar transparente, sem corar. Juntar todos os legumes e as passas. Deixar no fogo brando por uns 15 minutos. Apagar o fogo, juntar o arroz bem quente e solto, acrescentar o resto da margarina, a salsa e a cebolinha. Misturar bem.

Frango Desfiado

Cenoura com Maçã

INGREDIENTES (4 porções)

2 peitos grandes de frango (700 gramas)
100 gramas de cebola (metade ralada, metade em rodelas)
1 colher de sobremesa de sal
Pitadas de páprica doce, fondor e alecrim
1 colher de chá de margarina
2 dentes de alho pequenos

MODO DE FAZER

Temperar o frango com sal, alho, fondor, páprica e alecrim (tudo bem socado junto) e cebola ralada; deixar marinar de véspera (de 10 a 12 horas). Cozinhar os peitos de frango, colocando-os no fogo com água fria e em panela tampada. Assim que estiverem cozidos, retirar do fogo e deixar o caldo reduzir a 1 xícara; desengordurar.
Desfiar os peitos de frango como roupa-velha (ver como fazer nas Dicas). Levar ao fogo a cebola em rodelas finas com margarina e adoçante. Assim que as rodelas ficarem transparentes, juntar a carne de frango desfiada, mexer e ir regando com o caldo apurado até ficar bem solta e úmida.

INGREDIENTES (4 porções)

600 gramas de cenoura cortada em cubos
300 gramas de maçã ácida cortada em cubos
1 colher de chá de erva-doce
2 copos de água
Sal e adoçante
2 colheres de café de margarina

MODO DE FAZER

Fazer um chá de erva-doce bem fraco, temperar com sal, adoçante e levar ao fogo. Quando estiver fervendo, jogar sobre as cenouras e deixar cozinhar em fogo forte, com a panela destampada.
Escorrer toda a água do cozimento e na mesma água escaldar a maçã aos poucos, retirando-as assim que a água ferver.
Misturar, sacudindo as cenouras e as maçãs. Ferver o caldo do cozimento para reduzir a 1 xícara. Apagar o fogo, juntar a margarina e regar as cenouras e as maçãs.

Frango Empanado com Catupiri

Bolo de Temperos

INGREDIENTES (4 porções)

600 gramas de filé de frango
1 cebola grande
1/2 envelope de adoçante
1 colher de chá de sal
Uma boa pitada de mostarda em pó
Uma pitada de páprica doce
1/5 de requeijão catupiri pequeno
1 gema
2 colheres de sopa rasas de queijo parmesão ralado
3 colheres de sopa rasas de farinha de trigo

MODO DE FAZER

Dividir os filés de frango ao meio, temperar com sal, mostarda e páprica, deixando marinar de 4 a 6 horas. Acrescentar a cebola com o adoçante. Levar os filés ao forno cobertos com papel-alumínio até amaciar (30 minutos, aproximadamente). Retirar o frango e reservar; apurar e desengordurar o caldo do tabuleiro e completar 1/2 copo (usando caldo de frango tirado de ossos ou de concentrado).

Bater a gema, juntar a farinha, misturar bem e reservar. Levar o caldo ao fogo e, quando estiver fervendo, desmanchar o queijo catupiri e adicioná-lo à gema batida.

Envolver os pedaços de frango com a massa e colocar em tabuleiro untado com margarina. Polvilhar com o queijo parmesão ralado e levar ao forno quente por 15 minutos antes de servir.

INGREDIENTES (4 porções)

400 gramas de temperos verdes picados (salsa, cebolinha e coentro)
1/2 cebola picada
2 pimentões pequenos
100 gramas de tomate picado
12 azeitonas verdes picadas
2 colheres de sobremesa de farinha de trigo
1 colher de café de fermento em pó
2 ovos

MODO DE FAZER

Cortar a salsa, a cebolinha, o coentro e a azeitona bem miudinhos; a cebola, o tomate e os pimentões em quadradinhos. Misturar tudo, menos os ovos, a farinha e o fermento.

Bater as claras em neve, misturar as gemas e continuar batendo; em seguida, juntar a farinha peneirada com o fermento e misturar aos demais ingredientes.

Assas em 4 fôrmas de empadinha untadas e polvilhadas com farinha de trigo por mais ou menos 30 minutos.

PRATO PRINCIPAL
cada porção
176 calorias

Frango Ensopado

GUARNIÇÃO
cada porção
135 calorias

Purê de Legumes

INGREDIENTES (4 porções)

600 gramas de carne de frango sem pele e sem os ossos (reservar a pele e os ossos)
5 colheres de sopa de suco de tomate
150 gramas de cebola ralada
1 colher de sobremesa de molho de soja
1 colher de chá de sal
1 dente de alho
Alecrim a gosto

MODO DE FAZER

Temperar o frango com sal, alho e alecrim; deixar marinar de véspera.

Corar o frango numa panela e acrescentar um refogado feito com as cebolas e o suco de tomate. Deixar cozinhar, juntando água aos poucos.

Desfiar a carne e levar os ossos ao fogo com pouca água para retirar o caldo, que se mistura ao molho da panela, juntamente com a carne desfiada e o molho de soja.

INGREDIENTES (4 porções)

600 gramas de abobrinha batida e drenada
150 gramas de batata-inglesa em purê
150 gramas de cenoura ralada grossa e espremida
1 colher de café de margarina
1 colher de sobremesa de maisena
2 colheres de sopa de leite em pó
1/2 cebola média ralada

MODO DE FAZER

Raspar levemente a casca da abobrinha, retirar o miolo e cozinhar no vapor da panela tampada em fogo brando. Depois de cozida, passar na máquina de moer carne (disco mais fino) e deixar escorrendo toda água numa peneira.

Juntar à massa da abobrinha o purê de batata-inglesa.

Levar ao fogo a metade de margarina e a cebola ralada, juntar os purês e a cenoura ralada e refogar por 2 ou 3 minutos, até que a cenoura fique tenra.

Acrescentar o leite em pó e a maisena dissolvidos em meia xícara de água do cozimento da abobrinha e, sempre mexendo, continuar em fogo brando até homogeneizar o purê. Apagar o fogo e juntar o resto da margarina.

Frango ao Molho Pardo

INGREDIENTES (4 porções)
8 sobrecoxas (1 quilo bruto)
1 cebola picada
200 gramas de tomate sem pele e sem sementes
1 colher de chá de óleo
1 amarrado de salsa e cebolinha
1 xícara de sangue de galinha (misturado com 1 colher de café de vinagre ou vinho tinto)
1 colher de café de maisena

INGREDIENTES DA VINHA-D'ALHOS
1 colher de sobremesa de sal
1/2 colher de café de páprica picante
2 dentes de alho grandes
1 colher de sopa de cebola ralada
1 raminho de manjericão picado
1 folha de louro
2 colheres de sopa de vinagre

MODO DE FAZER
Temperar o frango com a vinha-d'alhos de véspera.

Levar o frango sem os temperos ao fogo em uma panela com óleo bem quente; deixar corar bastante, mexendo com um garfo para não pegar.

Quando estiver corado por igual, juntar o resíduo da vinha-d'alhos, a cebola picada, o tomate e o amarrado de salsa e cebolinha; deixar cozinhar em fogo médio. Deve formar bastante caldo, mas, se for preciso, pode-se juntar água ou caldo de frango.

Verificar com um garfo se o frango está macio, retirar da panela e, se quiser, desossar as sobrecoxas; retirar o amarrado de salsa e cebolinha. Deixar o caldo no fogo até desmanchar os temperos, provar de sal e, se estiver muito gorduroso, desengordurar e medir 1/2 litro de caldo (deve dar para cobrir os pedaços de frango).

Desmanchar a maisena em 2 colheres de sopa de água e misturar ao sangue de galinha, mexendo até homogeneizar. Caso o sangue seja comprado, convém passar na peneira antes de usar. Assim que o caldo começar a ferver, misturar aos poucos ao sangue, fora do fogo, mexendo com cuidado, e levá-lo ao fogo brando até engrossar o molho.

Arroz com Pimentão e Alho-Poró

INGREDIENTES (4 porções)
100 gramas de pimentão amarelo ou verde
200 gramas de arroz cru
1 cebola pequena picada
2 unidades de alho-poró (só o branco)
1 dente de alho esmagado
1 colher de café de óleo
1 colher de chá de sal

MODO DE FAZER
Cortar os pimentões em cubos grandes e os alhos-porós em rodelas grossas.

Preparar o arroz com os temperos (óleo, sal, cebola e alho).

Quando começar a secar, porém ainda com água, juntar os demais temperos, provar de sal e mexer com cuidado para misturar os temperos em todo o arroz.

Abafar a panela e deixar cozinhar sem desmanchar o arroz.

PRATO PRINCIPAL
cada porção
270 calorias

Frango
ao Molho
de Damasco

GUARNIÇÃO
cada porção
180 calorias

Fritinhas
de Chuchu

INGREDIENTES (4 porções)
2 peitos de frango sem pele e sem carcaça
(600 gramas)
1/2 copo de suco de laranja
1 colher de chá de sal
20 gramas de damasco seco
1 colher de café de manteiga

MODO DE FAZER
Limpar os peitos de frango inteiros; esfregar bem
em metade do caldo de laranja e 1/2 colher de
sopa de sal. Deixar de vinha-d'alhos de véspera.
Picar o damasco, cobrir com um copo de água e
deixar até o dia seguinte.
Arrumar os peitos de frango em tabuleiros fun-
dos ligeiramente untados, regar com todo o tempero e cobrir com papel-alumínio; levar ao forno
quente.
Enquanto estiver assando, regar com o molho
formado e o restante do caldo de laranja. Assim
que o peito assar, retirar do forno.
Cortar o peito em fatias grandes (no sentido do
comprimento) e cobrir com molho de damasco.
Para fazer o molho, levar o damasco ao fogo (se
necessário acrescentar mais água) e deixar ferver até ficar bem macio.
Retirar todo o molho do tabuleiro, colocar o resto do caldo de laranja, juntar o damasco, ferver
rapidamente, bater no liquidificador e peneirar.
Provar de sal, levar ao fogo até ferver, apagar o
fogo, juntar a manteiga e mexer até que toda ela
se derreta. Cobrir o frango.

INGREDIENTES (4 porções)
500 gramas de chuchu moído e drenado
(1 quilo bruto)
1/2 cebola média picada
1 colher de sopa rasa de farinha de trigo
1 colher de café de margarina
2 ovos
2 colheres de sopa rasas de queijo parmesão
ralado
1 envelope de adoçante
1 amarrado de salsa

MODO DE FAZER
Refogar a cebola com o adoçante, o sal e a margarina. Quando a cebola ficar transparente, juntar o chuchu picado, polvilhado com o trigo e
abafar (sem água).
Passar o chuchu na máquina de moer carne (ralo
grosso) e deixar escorrer completamente, até
esfriar.
Acrescentar os ovos desmanchados com a faca
e passados por peneira, o queijo ralado e a salsa. Se necessário, juntar mais 1 colher de trigo.
Com uma colher de sopa, pingar a massa na grelha e fritar dos dois lados, para formar as fritinhas.
Virar e retirar da grelha com uma espátula.

PRATO PRINCIPAL
cada porção
168 calorias

Fricassê de Frango

GUARNIÇÃO
cada porção
213 calorias

Farofa de Biscoito com Milho

INGREDIENTES (4 porções)

600 gramas de filé de frango
100 gramas de cebola batidinha
2 colheres de café de margarina
1/2 colher de café de azeite
1 colher de sopa de extrato de tomate
1 colher de sopa de suco de tomate
1 colher de sopa de farinha de trigo
1 gema
Caldo de 1/2 limão
1/2 molho de cheiro-verde
1/2 folha de louro
1 colher de sopa de sal
2 dentes de alho esmagados
1 pitada de páprica
1 colher de café de molho inglês

MODO DE FAZER

Dividir os filés ao meio e temperar com sal, alho, páprica e molho inglês.

Levar o frango ao fogo na panela, junto com a porção de azeite, 1 colher de café de margarina e a cebola batida. Deixar fritar e adicionar o extrato de tomate, o suco de tomate, o amarrado de cheiro-verde e o louro. Refogar bem e juntar água quente aos poucos para formar molho.

Coar o molho da panela, medir e completar 1 copo.

Corar a farinha, juntar a 1 colher de café de margarina, o molho quente e levar ao fogo para ligar. Desmanchar a gema com o caldo de limão, juntar ao molho fervendo e cobrir a galinha.

INGREDIENTES (4 porções)

1/2 lata de milho em conserva
100 gramas de cebola picada em cubos
1 pacote (200 gramas) de biscoito *cream cracker*
1 colher de sobremesa de margarina
1/2 molho de salsa picada
1 colher de chá de sal
1/2 envelope de adoçante

MODO DE FAZER

Quebrar os biscoitos na máquina de moer carne e reservar.

Levar ao fogo metade da margarina com a cebola, o sal e o adoçante; deixar que as cebolas fiquem transparentes, mexendo para não tostar. Juntar o milho, misturar bem, acrescentar o caldo coado do milho, tampar a panela e deixar ferver por 10 minutos. Escorrer o excesso de água, se houver. Apagar o fogo, juntar o resto da margarina, jogar a farinha feita com os biscoitos, misturar por igual e juntar a salsa picadinha.

aves

Filé de Frango ao Molho de Passas

Abóbora Pochê

INGREDIENTES (4 porções)
600 gramas de filé de frango
1/2 colher de sopa de sal
1 pitada de páprica

INGREDIENTES DO MOLHO
2 colheres de chá de margarina
20 gramas de passa preta sem caroço
1 colher de sopa de vinho branco seco
1 colher de sopa de farinha de trigo

MODO DE FAZER
Temperar os filés com sal e páprica e marinar por 8 horas.

Grelhar os filés, aproveitando a água que sai da grelha, sem deixar queimar. Coar o caldo e completar 1 copo com caldo de frango desengordurado. Reservar.

Corar a farinha de trigo, juntar a margarina e o vinho; misturar com o caldo de frango e passar pela peneira para desmanchar os grânulos. Levar o molho ao fogo, mexendo até ferver, juntar as passas e deixar por mais 5 minutos.

INGREDIENTES (4 porções)
400 gramas de abóbora baiana sem casca cortada em cubos
1 colher de café de sal
100 gramas de cebola ralada
1 dente de alho
1 colher de café de páprica doce
Salsa picadinha a gosto
1/2 envelope de adoçante

MODO DE FAZER
Levar ao fogo uma panela com 2 copos de água temperada com sal, alho, adoçante, páprica e cebola. Deixar ferver por 20 minutos.

Colocar 1/4 da abóbora já cortada na água fervendo e deixar cozinhar por 5 minutos; retirar a abóbora e reservar. Repetir a operação 3 vezes.

Acrescentar a margarina em 4 colheres de sopa do caldo.

Na hora de servir, cobrir a abóbora com a salsa picadinha e o caldo quente.

PRATO PRINCIPAL
cada porção
172 calorias

Frango Tropical

GUARNIÇÃO
cada porção
78 calorias

Broto de Feijão à Juliana

INGREDIENTES (4 porções)

8 sobrecoxas de frango limpas
1/4 de copo de vinho branco seco
1/2 copo de caldo do frango desengordurado
150 gramas de doce de abacaxi *diet*
(ver receita em sobremesas)
1 dente de alho
1 colher de sopa de sal
1/2 cebola ralada
1 colher de café de curry em pó

INGREDIENTES DO BECHAMEL

1/2 colher de café de margarina
1 colher de sopa de farinha de trigo
1 colher de sopa de cebola ralada
1 xícara de chá de leite desnatado

MODO DE FAZER

Separar as sobrecoxas das coxas, que deverão ser usadas em outro prato e temperar com sal, cebola, alho e curry.
Levar ao forno os pedaços de frango em um tabuleiro coberto com papel-alumínio. Assim que estiverem cozidos, retirar do tabuleiro, escorrer os pedaços e reservar.
Jogar água quente no tabuleiro, raspando bem para aproveitar todo o resíduo. Coar o caldo e desengordurar. Misturar o caldo com o vinho, o bechamel, o curry e o doce de abacaxi *diet*.
Levar ao fogo, sempre mexendo, até obter um molho homogêneo. Juntar os pedaços de frango e deixar ferver em fogo brando por 20 minutos.

INGREDIENTES (4 porções)

1/2 fatia de bacon
1 dente de alho socado
1/2 colher de café de raspa de gengibre
1 pimentão médio
1 cenoura pequena
1 nabo branco pequeno
6 pernas de aipo
300 gramas de broto de feijão
1 xícara de caldo de galinha desengordurado
1/2 molho de cebolinha cortada em pedaços grandes (1 cm)
1/2 envelope de adoçante
2 colheres de chá de sal

MODO DE FAZER

Cortar em tiras finas o pimentão, a cenoura, o nabo e o aipo; reservar.
Levar o bacon ao fogo, derreter e escorrer toda a gordura; juntar o alho socado e refogar.
Em seguida, acrescentar o gengibre, o pimentão, os legumes (nabo, cenoura, aipo), salpicar metade do sal e deixá-los abafados até que estejam cozidos.
Juntar o broto de feijão, o restante do sal e o adoçante; sacudir a panela para misturar, cobrir com o caldo de galinha, abafar a panela e deixar no fogo por 10 minutos.
Por fim, acrescentar a cebolinha cortada e misturar.

PRATO PRINCIPAL
cada porção
144 calorias

Quadradinhos de Frango

GUARNIÇÃO
cada porção
143 calorias

Paçoca de Aipim

INGREDIENTES (4 porções)

600 gramas de peito de frango cortado em cubos
1/2 colher de sopa de sal
1/2 copo de caldo de frango
1 envelope de adoçante
2 colheres de café de maisena
100 gramas de cebola picada
2 dentes de alho socados
Pitadas de páprica doce, fondor e alecrim
1 colher de sopa de leite em pó desnatado
2 colher de café de margarina

MODO DE FAZER

Temperar o frango com sal, alho, páprica doce e fondor. Marinar por 2 horas.

Fritar a cebola em 1 colher de café de margarina com o adoçante até ficar transparente, sem corar. Juntar o frango e deixar no fogo brando, mexendo sempre, até que a carne fique branquinha. Acrescentar o caldo de frango desengordurado e o alecrim. Deixar ferver por 20 minutos para amaciar.

Retirar o frango com a escumadeira e medir 1 xícara de caldo.

Bater o caldo no liquidificador com a maisena e o leite em pó. Levar ao fogo para engrossar. Apagar o fogo, juntar o restante da margarina e o frango preparado.

INGREDIENTES (4 porções)

500 gramas de aipim
160 gramas de tomate maduro
1/2 colher de sopa de margarina
100 gramas de cebola picada
1 xícara de cafezinho de suco de tomate
1/2 envelope de adoçante
1 colher de chá de sal
1 colher de café de páprica doce

MODO DE FAZER

Cortar o aipim em cubos médios, retirar as fibras e deixar na água (gelada, de preferência).

Preparar o refogado com as cebolas, a margarina, os tomates picados sem pele e sem sementes, o adoçante, o sal, a páprica e o suco de tomate. Juntar o aipim bem escorrido ao refogado, abafar a panela e manter em fogo brando, acrescentando água durante o cozimento para não pegar no fundo e ficar bem solto.

Apagar o fogo assim que o aipim estiver cozido.

Shopsuey de Frango

PRATO PRINCIPAL
cada porção
179 calorias

INGREDIENTES (4 porções)

600 gramas de frango
1 colher de chá de óleo
1/2 fatia de bacon
2 colheres de sobremesa de molho de soja
1 colher de sopa de purê de tomate
1/2 copo (1/2 tablete) de caldo de galinha desengordurado
1/2 molho de cebolinha cortada em pedaços grandes
1 dente de alho esmagado
Gengibre a gosto
100 gramas de broto de feijão
1 1/2 colher de chá de sal
1 envelope de adoçante
2 colheres de sopa de vinho branco seco
1 colher de café de maisena

MODO DE FAZER

Cortar a carne de frango em forma de palitos de fósforo e temperar com o sal. Fritar em frigideira antiaderente em fogo forte, usando o mínimo de óleo. Acrescentar o adoçante, o molho de soja, o purê de tomate e metade do vinho, mantendo no fogo por meio minuto. Juntar o caldo de galinha misturado à maisena e deixar ferver até a carne ficar bem macia; mexer delicadamente e retirar do fogo.

Derreter a fatia de bacon e retirar toda a gordura derretida; fritar o alho amassado com o bacon; juntar a cebolinha, o gengibre e o broto de feijão, mantendo em fogo alto por 2 minutos, mexendo sempre.

Juntar o frango, com todo o molho da panela, ao broto de feijão (ou vice-versa) e o resto do vinho, continuando a mexer delicadamente por mais 2 minutos. Retirar da panela com a escumadeira, abandonando o molho.

Alface à La Crème

GUARNIÇÃO
cada porção
120 calorias

INGREDIENTES (4 porções)

1 quilo de folhas de alface limpas
50 gramas de margarina
1/2 cebola picada
2 gemas
1/2 copo de leite desnatado
2 1/2 colheres de sopa de farinha de trigo
1 envelope de adoçante

MODO DE FAZER

Lavar a alface e cortar em tiras largas.

Colocá-la na panela com metade da margarina e 1 copo de água; cozinhar em fogo brando com a panela tampada. Escorrer a alface e reservar a água.

Tostar a cebola picada com o resto da margarina e o adoçante; acrescentar 1/2 copo do caldo, juntar a alface cozida e deixar no fogo por 20 minutos.

Adicionar as gemas bem batidas e misturar a farinha de trigo desmanchada no leite. Levar ao fogo novamente mantendo-o brando para ligar o creme.

PRATO PRINCIPAL
cada porção
169 calorias

Strogonoff de Frango

GUARNIÇÃO
cada porção
54 calorias

Cenoura Caramelada

INGREDIENTES (4 porções)

600 gramas de peito de frango cortado para strogonoff
100 gramas de cebola
1/2 copo de leite desnatado
1 colher de sobremesa de maisena
Uma pitada de páprica
1 colher de café rasa de manjerona
1 colher de café de molho de soja
1 colher de sopa de farinha de trigo
4 colheres de sopa de suco de tomate
2 colheres de sopa de creme de leite
3 colheres de sopa de vinho branco
1 colher de café de rum
1 envelope de adoçante
50 gramas de cogumelo

MODO DE FAZER

Ferver o suco de tomate com parte do adoçante e reservar. Refogar as cebolas com o restante do adoçante e juntar ao suco de tomate. Adicionar a manjerona, a páprica, o molho de soja e ferver por 5 minutos.

Passar a carne de frango cortada na farinha de trigo, fritar em frigideira antiaderente e jogar na panela do molho, aproveitando o caldo, que deve ser coado e acrescentado ao molho. Quando terminar, levar ao fogo por 20 minutos ou até que a carne fique macia; provar de sal e temperos, juntar o vinho e o rum, ferver por 5 minutos e retirar a carne.

Desmanchar a maisena no leite, acrescentar o creme de leite e misturar com o molho. Levar ao fogo até engrossar, sem deixar ferver. Acrescentar a carne e os cogumelos fatiados. Está pronto para servir.

INGREDIENTES (4 porções)

500 gramas de cenoura cortada em cubos
1/2 copo de suco de laranja
2 colheres de café de manteiga com sal
4 envelopes de adoçante

MODO DE FAZER

Levar ao fogo a cenoura e os demais ingredientes. Manter em fogo baixo.

De início, desprende muita água; depois, é preciso pingar água durante o cozimento. Deixar no fogo, sacudindo a panela de vez em quando, até a cenoura ficar macia e o caldo adquirir consistência de calda.

PRATO PRINCIPAL
cada porção
175 calorias

Xinxim de Galinha

GUARNIÇÃO
cada porção
152 calorias

Farofa de Farelo de Trigo

INGREDIENTES (6 porções)

12 sobrecoxas de frango
300 gramas de camarão fresco e limpo
2 colheres de chá de azeite
2 dentes de alho
125 gramas de cebola
1 colher de sopa cheia de cabeça de camarão torrada e moída (sem olho e sem barba)
Coentro, salsa, cebolinha, açafrão e pimenta-malagueta a gosto

MODO DE FAZER

Fritar o camarão em frigideira antiaderente com 1/3 do azeite e os dentes de alho socados; torrar as cabeças de camarão e moer; picar os camarões fritos, misturar com a cabeça de camarão torrada e reservar.

Em outra panela, fritar os pedaços de frango, na metade do azeite restante até corar. Juntar o camarão reservado e os temperos — cebola, coentro, salsa e cebolinha bem picados e pimenta-malagueta amassada — mexer bem, tampar a panela por 4 ou 5 minutos em fogo baixo e acrescentar a água (quente) para cozinhar.

Deixar no fogo até reduzir o caldo; juntar o restante do azeite e o açafrão.

Tradicionalmente não se desossa a galinha para o xinxim.

INGREDIENTES (6 porções)

100 gramas de cebola picada
1 dente de alho esmagado
2 colheres de sopa de suco de cenoura
1 envelope de adoçante
100 gramas de farinha de mandioca
8 colheres de sopa de farelo de trigo
1 molho de salsa picada
1 molho de cebolinha picada
1 colher de café de azeite
1 colher de café de margarina
Uma pitada de páprica e açafrão
1 colher de chá de sal

MODO DE FAZER

Refogar os temperos no azeite (cebola, alho, páprica, sal, açafrão e adoçante); juntar o suco de cenoura, deixar ferver e apagar o fogo.

Juntar as farinhas misturadas e peneiradas.

Voltar ao fogo e mexer para que fique bem misturado e de cor homogênea. Provar de sal. Se precisar, borrifar com água e sal.

Apagar o fogo e juntar a margarina, a salsa e a cebolinha.

Cassoulet de Feijão-Branco

Couve Refogada

INGREDIENTES (4 porções)

250 gramas de feijão-branco cru
1 pedacinho de carne de ave defumada (chester)
8 salsichas de ave
8 cebolas miúdas em conserva ou 2 cebolas pequenas divididas em 4 depois de cozidas
2 dentes de alho
2 colheres de chá de sal
1 amarrado pequeno de salsa e cebolinha
1 alho-poró pequeno (só o branco)
1 raminho de orégano fresco
1 colher de café de óleo de soja
1 fatia de pão de fôrma cortada em cubos e torrada

MODO DE FAZER

Colocar o feijão, depois de limpo e catado, de molho por 2 horas.

Cozinhar o feijão com 1 dente de alho, as cebolas, a carne de ave e as ervas aromáticas. Retirar as cebolas assim que estiverem cozidas, porém firmes, e reservar.

Quando o feijão estiver quase cozido, refogar o caldo com óleo e o outro dente de alho, juntar as salsichas e manter no fogo por mais 15 minutos. Provar de sal. Escorrer o feijão, separar as salsichas, passar o caldo na peneira e levar ao fogo até ferver. Colocar o feijão, as salsichas e as cebolas numa travessa refratária, cobrindo com o caldo.

INGREDIENTES (4 porções)

3 molhos de couve cortada à mineira, mais ou menos grossa
1/2 cebola grande picada
Algumas gotas de óleo
1/2 colher de sopa de sal
3 dentes de alho
Manjericão fresco ou seco
1/2 envelope de adoçante

MODO DE FAZER

Refogar a cebola no óleo com o adoçante, o sal e o alho esmagado. Juntar a couve e o manjericão fresco. Se o manjericão for seco, colocar junto com o óleo e a cebola. Refogar e abafar. Deixar cozinhar, pingando água quente até que esteja levemente cozida. Escorrer toda a água. Servir bem quente, junto com o cassoulet, também aquecido, e cobrir com pão torrado.

PRATO ESPECIAL
cada porção
472 calorias

Cozido de Frango com Pirão de Farinha

INGREDIENTES (6 porções)

6 coxas de frango inteiras e sem pele
200 gramas de nabo japonês ou branco
200 gramas de batata-doce
300 gramas de vagem manteiga
200 gramas de abóbora
300 gramas de repolho
2 bananas-da-terra
2 espigas de milho
250 gramas de tomate
8 cebolas miúdas (em conserva)
3 dentes de alho
90 gramas de farinha de mandioca crua
2 colheres de sopa de sal
1/2 envelope de adoçante

MODO DE FAZER

Limpar e temperar as coxas de frango com metade do sal e o alho; reservar.

Cortar os legumes em pedaços grandes — nabo, batata-doce, abóbora e repolho —, amarrar as vagens inteiras, dividir as espigas de milho ao meio e manter as cebolas e as bananas inteiras (estas na última hora, para que não fiquem escuras) e reservar.

Levar ao fogo o tomate, sem pele e sem sementes, com o adoçante até desmanchar. Juntar as coxas de frango, refogar ligeiramente e acrescentar o milho e as cebolas inteiras, cobrindo bem com água fervendo; manter no fogo forte por uns 15 minutos. À medida que forem cozinhando, retirar as cebolas e o frango. Deixar o milho no caldo do cozido e ir colocando os legumes para cozinhar. Juntar água fervendo conforme necessário, provando de sal.

Colocar os legumes cozidos em uma bandeja e dividir tudo em 6 porções iguais, inclusive os grãos do milho e a banana.

Separar o caldo do cozido: 1/4 para cobrir os legumes e 3/4 para fazer o pirão. Se for necessário, junte mais água e prove. Os resíduos da panela devem ficar com a porção (1/4) que vai cobrir os legumes, depois de passada na peneira.

Desmanchar a farinha no caldo e levar ao fogo até que fique cozida. Servir bem quente.

PRATO ESPECIAL
cada porção
294 calorias

Guisado de Frango com Ervilhas Verdes

INGREDIENTES (4 porções)

6 coxas de frango inteiras ou 8 sobrecoxas
1 colher de chá de sal
1 dente de alho socado
Uma pitada de páprica doce
3/4 de xícara de suco de tomate
200 gramas de cebola ralada
1 colher de sobremesa de molho de soja
1/2 envelope de adoçante
600 gramas de ervilha verde
Alecrim a gosto

MODO DE FAZER

Limpar as coxas de frango, tirando a pele e toda a gordura. Temperar com sal, alho, páprica e reservar.

Limpar as ervilhas e reservar dentro da água.

Preparar o molho com a cebola ralada, o suco de tomate, o adoçante e o molho de soja, fervidos juntos. Acrescentar o alecrim.

Corar o frango na panela e colocar os pedaços

no molho, que deve ser mantido quente. Levar ao fogo e cozinhar a carne no molho até amaciar, juntando água aos poucos, conforme necessário.

Quando o frango estiver macio, retirar os pedaços, desossar e colocar de volta na panela. Acrescentar as ervilhas sobre o guisado, sacudir a panela e deixar no fogo brando por 15 minutos ou até as ervilhas ficarem cozidas, porém firmes.

Pode acompanhar com 60 gramas de arroz branco para cada porção e contar mais 65 calorias por pessoa.

PRATO ESPECIAL
cada porção
240 calorias

Fôrma de Legumes com Frango Defumado

INGREDIENTES (6 porções)
350 gramas de carne de frango defumada
300 gramas de cenoura cortada em cubos pequenos
300 gramas de chuchu cortado em cubos pequenos
100 gramas de nabo japonês cortado em cubos pequenos
150 gramas de ervilha em conserva (2/3 da lata)
150 gramas de tomate sem pele e sem sementes cortado em cubos
2 ovos inteiros
1 colher de café de margarina
1 colher de sopa rasa de farinha de trigo
1 colher de sopa de vinho branco seco
2 xícaras de leite desnatado
1 gema
1 colher de sopa de queijo parmesão
1/2 colher de sopa de sal
2 envelopes de adoçante

MODO DE FAZER
Cozinhar os legumes juntos, *al dente*, em água com sal, um pedacinho de frango defumado e 2 envelopes de adoçante. Antes, porém, escaldar o nabo japonês e só depois juntá-lo à cenoura e ao chuchu. Escorrer a água e acrescentar o tomate picado e as ervilhas. Sacudir, misturar por igual e reservar.

Aumentar a quantidade do caldo do cozimento com o caldo de galinha, desengordurando até obter 1 xícara. Corar a farinha, incorporar a margarina, o caldo desengordurado, a gema bem batida, o vinho e levar ao fogo para engrossar. Juntar a carne defumada picadinha e levar ao fogo até ferver, provar de sal. Forrar uma travessa refratária com o frango defumado e sobre o frango colocar os legumes preparados.

Desmanchar os ovos inteiros com leite, temperar com pouco sal e distribuir sobre o prato, tendo o cuidado de molhar toda a superfície dos legumes. Polvilhar com o queijo parmesão ralado e, na hora de servir, levar ao forno (15 minutos) para cozinhar o ovo (não precisa corar).

PRATO ESPECIAL
cada porção
417 calorias

Frango Vienense com Aspargos e Batata

INGREDIENTES (4 porções)
8 sobrecoxas de frango
3/4 de xícara de vinho branco seco
100 gramas de cebola ralada
1 colher de sobremesa de sal
2 colheres de chá de margarina
1/2 copo de iogurte desnatado
3/4 de xícara de chá de leite desnatado
1 colher de café de maisena
3 colheres de sopa de vinho do Porto
2 gemas
1 lata pequena de aspargo (320 gramas)
1/2 quilo de batata-inglesa

MODO DE FAZER
Temperar as sobrecoxas com o vinho branco, a cebola ralada e o sal; deixar marinando de véspera.

No dia seguinte, escorrer os pedaços e tostar em uma colher de chá de margarina, deixando dourar por igual.

Juntar o vinho do Porto à marinada e ir regando o frango na panela com 1 xícara de chá do molho e 1 de água até amaciar. Apagar o fogo e deixar na panela.

Cozinhar as batatas descascadas com 1 colher de chá de sal; quando cozidas, apagar o fogo, acrescentar a outra colher de margarina, escorrer as batatas, passá-las pela máquina de moer (ralo mais grosso) com cuidado (sem desmanchar os grânulos) e colocar numa travessa refratária.

Desmanchar as gemas, misturar com a maisena, o iogurte e o leite e passar pela peneira. Juntar a mistura ao frango e manter em fogo mode-rado para engrossar e cozinhar a maisena, tendo cuidado para não deixar ferver.

Colocar as sobrecoxas sobre a batata, enfeitar com os aspargos e cobrir tudo com o molho.

PRATO ESPECIAL
cada porção
376 calorias

Frango à Jardineira

INGREDIENTES (4 porções)
8 coxas de frango sem pele e sem osso (1 quilo)
150 gramas de suco de tomate
200 gramas de cebola ralada
1 colher de sobremesa de molho de soja
180 gramas de batata-inglesa cortada em cubos
400 gramas de chuchu limpo cortado em cubos
200 gramas de cenoura limpa em cubos
150 gramas de ervilha em conserva (2/3 da lata)
Sal e alho a gosto

MODO DE FAZER
Limpar as coxas de frango, tirando toda gordura e pele. Temperar com sal e alho; reservar.

Cortar os legumes em cubos iguais e cozinhá-los separadamente, *al dente*.

Preparar o molho com a cebola ralada, o suco de tomate e o molho de soja, fervidos juntos. Condimentar a gosto com alecrim, se quiser.

Arrumar os pedaços de frango em tabuleiro antiaderente, cobrir com papel laminado e levar ao forno quente por uns 20 minutos, até que a carne fique pré-cozida e com bastante caldo. Retirar as coxas de frango ainda quentes para que não fiquem gordurosas; deixar esfriar e desossar, tomando cuidado para não passar cartilagens.

Desengordurar o caldo do tabuleiro e juntar ao molho preparado. Colocar os pedaços de frango na panela do molho aquecido e levar ao fogo até amaciar (sem desmanchar).

Quando o frango estiver pronto, acrescentar os legumes cozidos e as ervilhas, sacudir a panela e deixar no fogo por 5 minutos.

Nhoque de Frango ao Sugo

INGREDIENTES (4 porções)
800 gramas de carne de frango cozida e moída
150 gramas de ricota esmagada
6 colheres de sopa de queijo parmesão ralado
3 colheres de sopa de farinha de trigo
2 ovos

INGREDIENTES DO MOLHO
250 gramas de tomate maduro
1/2 xícara de suco de tomate
1/2 cabeça de alho socado
20 gramas de massa de tomate
1 envelope de adoçante
1 colher de sopa de molho de soja
Sal e orégano a gosto
1 colher de chá de margarina
1 colher de sopa rasa de maisena

MODO DE FAZER
Preparar o molho e reservar.
Bater os ovos inteiros (desmanchar com a faca), juntar a ricota, a farinha e a metade do queijo parmesão. Por fim, acrescentar a carne de frango cozida e moída. Amassar bem.

Fazer os nhoques, passar na farinha de trigo e jogar em pequenas quantidades numa panela com água e sal, fervendo; retirá-los assim que subirem à tona.

Arrumar em travessa refratária, cobrir com o molho e polvilhar com o restante do parmesão.

Para fazer o molho, colocar os tomates, o alho, o sal e o adoçante numa panela, mantendo em fogo brando. Acrescentar o suco de tomate, ferver por 5 minutos e passar por peneira fina. Adicionar água ao resíduo da peneira e tornar a coar.

Levar novamente ao fogo e juntar a massa de tomate, o molho de soja, o orégano e água suficiente para obter 1 copo cheio. Provar e ligar com a maisena.

Risoto de Frango

INGREDIENTES (4 porções)
600 gramas de frango ensopado e desfiado
150 gramas de ervilha em lata
200 gramas de arroz cru
1 colher de sobremesa de margarina
1/2 cebola e 1 dente de alho para o arroz
20 gramas de queijo parmesão ralado
10 gramas de passa sem caroço
Salsa picadinha a gosto

INGREDIENTES DO ENSOPADO
6 coxas inteiras de frango
1 colher de chá de sal
1 dente pequeno de alho
100 gramas de cebola picada

100 gramas de tomate sem pele e sem sementes
Salsa, cebolinha e alecrim a gosto
1 colher de café de extrato de tomate
1/2 envelope de adoçante

MODO DE FAZER

Temperar o frango com sal, alho, cebola e alecrim. Levar ao fogo os tomates e a cebola com o adoçante. Juntar o frango, refogar, tampar a panela e acrescentar água quente para formar o molho.

Preparar o arroz branco; assim que estiver pronto, misturar com a margarina, a salsa, soltar bem e reservar.

Desfiar a carne de frango e ferver no molho por 5 minutos. Retirar parte do molho (mais ou menos 1/2 copo) e reservar.

Dividir o ensopado em duas porções iguais e a cada uma juntar metade do arroz preparado, metade das ervilhas e metade das passas, misturando por igual.

Colocar metade do risoto no recipiente e polvilhar com parmesão; acrescentar a outra metade, o molho reservado e, por fim, o queijo parmesão. Levar ao forno quente na hora de servir.

PRATO ESPECIAL
cada porção
306 calorias

Salpicão de Frango

INGREDIENTES (6 porções)

50 gramas de presunto cozido
300 gramas de peito de frango defumado
400 gramas de peito de frango assado
3 gemas cozidas
1 lata de milho em conserva
400 gramas de cenoura cortada em cubinhos
150 gramas de tomate picado sem pele e sem sementes
2 pimentões pequenos (1 vermelho e 1 verde)
100 gramas de cebola cortada em cubinhos
1 colher de chá rasa de margarina
1 envelope de adoçante
25 gramas de passa preta sem caroço
3 colheres de sopa de maionese dietética
Alho socado, sal, molho inglês, mostarda e vinagre a gosto
1/2 molho de salsa picadinha
2 molhos de alho-poró (só o branco)
1/2 xícara de chá de creme de leite

MODO DE FAZER

Cortar o frango, o presunto e todos os legumes (inclusive o tomate) em cubinhos.

Cozinhar a cenoura em água com sal, picar a salsa e reservar.

Levar ao fogo a margarina com o adoçante e o alho-poró cortado em rodelas finas; escaldar ligeiramente e juntar os tomates e o pimentão; manter no fogo, mexendo ligeiramente.

Apagar o fogo, juntar a carne picada, o milho e as passas. Misturar com cuidado e deixar esfriar.

Juntar o creme de leite e a maionese, já temperada com alho, sal, mostarda, vinagre, molho inglês e salsa picada, misturando com cuidado. Passar as gemas cozidas pela peneira e cobrir o salpicão no prato de servir. Enfeitar com raminhos de salsa crespa.

PRATO ESPECIAL
cada porção
438 calorias

Torta
de Frango
com Palmito

INGREDIENTES (6 porções)

1 pacote de biscoito *cream cracker*
2 colheres de sobremesa de margarina sem sal
150 gramas de palmito em lata
600 gramas de frango ensopado e desfiado
100 gramas de tomate
100 gramas de cebola
2 colheres de sobremesa de suco de tomate
1 1/2 colher de sopa de maisena
4 colheres de sopa rasas de leite em pó
1/2 colher de sopa de sal
1 pitada de estragão
2 gemas

MODO DE FAZER

Ensopar o frango com tomate, cebola, suco de tomate, estragão e sal; reservar.

Passar os biscoitos na máquina de moer carne (disco fino) e amassar com a margarina sem sal, como farofa.

Desfiar o frango e apurar 2 xícaras de caldo.

Fazer um creme com as gemas, a maisena, o leite em pó e o caldo apurado. Quando estiver pronto, juntar o palmito picado e reservar.

Para preparar a torta, forrar uma travessa refratária com metade da farinha de biscoito e comprimir bem para formar uma crosta. Distribuir o frango desfiado sobre esta crosta e cobrir com o creme de palmito.

Acrescentar o restante da farinha de biscoito e espalhando bem, de modo a cobrir toda a superfície.

Assar em forno brando de 15 a 20 minutos.

Um dos componentes da saúde mental consiste no organismo sadio. E uma alimentação saudável contribui fundamentalmente para a saúde de cada indivíduo.

Luiz Alberto Pi

Os peixes têm a vantagem de ter a carne menos calórica de todas as demais proteínas. Para quem quer emagrecer rápido, é a melhor opção. É simples de preparar, seja grelhado ou cozido no vapor com algumas ervas. Basta variá-los e podemos conseguir sabores bem diferentes de um para o outro. Assim, é importante saber variar os molhos usados e evitar cair na mesmice, o que geralmente acontece com aquelas pessoas que não têm tempero ou têm pouco jeito para cozinha.

Há peixes muito gordurosos, como a tainha e a merluza, que devem ser evitados durante as dietas. Eu, particularmente, prefiro os peixes de carne branca. Mas, sempre que possível, como um peixe de água doce, lá do Norte, e posso recordar a infância que vivi no meu Acre.

PEIXES

PRATO PRINCIPAL
cada porção
273 calorias

Almôndegas de Peixe

GUARNIÇÃO
cada porção
87 calorias

Brócolis em Capote

INGREDIENTES (4 porções)

250 gramas de cherne limpo
250 gramas de filé de pescadinha
1 cebola branca pequena
4 fatias de pão de fôrma sem casca
1 ovo
1 colher de chá de azeite
1 cebola branca grande para o molho
Páprica e fondor a gosto
1 1/2 envelope de adoçante
1 colher de chá rasa de bicarbonato de sódio
1 colher de sobremesa de sal

MODO DE FAZER

Passar as carnes de peixe na máquina de moer (parte fina) junto com a cebola pequena. Molhar o pão em água e espremer ligeiramente.

Bater o peixe moído, misturado com pão, numa tábua de carne (sem desmanchar) e juntar o ovo. Colocar tudo numa vasilha e acrescentar sal, páprica, fondor e 1/2 envelope de adoçante. Provar e bater mais um pouco com batedeira elétrica.

Colocar na panela o azeite, a cebola grande picada com o bicarbonato e deixar a cebola quase desmanchar (sem queimar). Juntar então 1 envelope de adoçante, páprica, sal e 2 copos de água, que deve secar até formar um molho amarelo.

Colocar 1/3 do molho no peixe e bater bem com a batedeira; enrolar as almôndegas e reservar. Misturar o restante do molho com água suficiente para cozinhar as almôndegas de peixe, que são colocadas diretamente sobre o molho fervendo.

Deixar em fogo brando por, aproximadamente, 40 minutos (se as almôndegas amarelarem antes é porque está pronto). Retirar as almôndegas, coar o molho e, se necessário, ligar com maisena.

INGREDIENTES (4 porções)

1 molho grande de brócolis
1 cebola média picada
1 colher de café de margarina
2 claras em neve ou 1 ovo (com a clara em neve)
1 colher de café de farinha de trigo
4 colheres de café cheias de queijo parmesão ralado

MODO DE FAZER

Limpar e escaldar os brócolis, folhas e flores separadamente, com sal e bicarbonato. Cortar folhas e talos bem finos, refogar com a cebola ralada em 1/4 da margarina. Arrumar os montinhos de folhas com os talos em fôrma refratária ligeiramente untada e sobre eles as flores escaldadas.

Bater as claras em neve e misturar levemente o restante da margarina derretida, a farinha e metade do queijo parmesão. Cobrir os brócolis com as claras preparadas e usar o restante do queijo. Levar ao forno por 10 minutos antes de servir, retirando as porções com a espátula.

PRATO PRINCIPAL
cada porção
141 calorias

Enroladinhos de Peixe

GUARNIÇÃO
cada porção
56 calorias

Salada Quente

INGREDIENTES (4 porções)
600 gramas de filés de peixe bem finos
1/2 molho de salsa
1/4 de molho de cebolinha
1/4 de molho de manjericão
2 dentes de alho socados
1/2 cebola picada
1 colher de café de azeite
1 colher de café de margarina
1 gema
2 colheres de chá de leite em pó desnatado
1 colher de sobremesa de farinha de trigo
1 colher de sobremesa de sal
2 colheres de sobremesa de suco de limão
1 colher de café de fondor

MODO DE FAZER
Temperar os filés com o sal, o suco de limão e o fondor. Fazer os rolinhos recheados com os temperos verdes bem batidos. Misturar a cebola e o alho socado; reservar.

Untar o fundo da panela com azeite, colocar a metade do alho e das cebolas bem batidas. Colocar os rolinhos de peixe bem juntinhos, cobrir com o resto dos temperos e levar ao fogo brando durante 40 minutos. (Não colocar mais de uma camada nem usar palito.)

Quando o peixe estiver cozido, retirar os rolinhos com cuidado, coar o molho e medir 1 copo; provar de sal.

Bater a gema com uma colher de café de água até que fique esbranquiçada. Misturar a farinha de trigo e o leite em pó, continuar a bater e ir desmanchando com o caldo do peixe. Se ficar encaroçado, passar pela peneira.

Levar o molho ao fogo e, sempre mexendo, deixar ferver para cozinhar a farinha. Apagar o fogo e juntar a margarina.

Servir o molho bem quente sobre os enroladinhos.

INGREDIENTES (4 porções)
400 gramas de repolho cortado à mineira
180 gramas de cenoura em tiras finas
180 gramas de couve-flor dos talos grossos, limpa
180 gramas de pepino em tiras, sem casca e sem sementes
100 gramas de cebola
100 gramas de pimentão (vermelhos e verdes)
4 dentes de alho esmagados
1 colher de sopa de vinagre de vinho
1/2 colher de sopa de azeite
1 copo de caldo de galinha desengordurado
1 envelope de adoçante
1 colher de chá de molho de soja
1 colher de chá de sal

MODO DE FAZER
Cortar o repolho bem fino e reservar. Cortar a cenoura e o pepino em tiras finas e separar a couve-flor em galhinhos pequenos. Picar a cebola, o alho e os pimentões em cubinhos.

Refogar a cebola e o alho no azeite até dourar; juntar a cenoura e cozinhar um pouco, juntar o pepino e a couve-flor e, por fim, o repolho bem fino.

Misturar os demais ingredientes e condimentos no caldo de galinha e despejar sobre os legumes, mantendo no fogo por 5 a 10 minutos. Servir em seguida.

Filé de Hadoque

Couve-de-Bruxelas ao Creme

INGREDIENTES (4 porções)
4 filés de hadoque com 180 gramas cada
2 colheres de sobremesa de manteiga ou margarina
Leite desnatado suficiente (aproximadamente 1,5l)
2 colheres de sopa de salsa picadinha

MODO DE FAZER
Arrumar os filés num refratário e cobrir com leite desnatado. Manter na geladeira por no mínimo 8 horas, e no máximo por 12 horas.
Retirar os filés, tirar a pele e as rebarbas. Depois de limpo, cada um ficará com 150 gramas.
Colocar os filés em tabuleiro ou prato refratário ligeiramente untado e cobrir completamente com leite desnatado.
Levar ao forno quente para cozinhar o hadoque por aproximadamente 40 minutos. (Experimentar com um palito para ver se está cozido.)
Escorrer o leite, deixar no forno mais cinco minutos e cobrir com a manteiga e a salsa picadinha.

INGREDIENTES (6 porções)
300 gramas de repolho cru
600 gramas de couve-de-bruxelas
1/2 colher de sopa rasa de sal e sálvia
1 colher de café de margarina
2 colheres de sobremesa de farinha de trigo
1/2 cebola ralada
1/2 envelope de adoçante
1 copo grande de leite desnatado
1 colher de chá de bicarbonato

MODO DE FAZER
Escaldar a couve-de-bruxelas em água fervendo, sem sal, só com o bicarbonato. Em seguida, cozinhar com sal e sálvia em outra água. Retirar a couve depois de cozida e reservar a água.
Moer o repolho cru na máquina e espremer. Escaldar com água fervendo e pouco sal; espremer de novo. Cozinhar bem o repolho na água reservada da couve-de-bruxelas, escorrer, passar no liquidificador e coar.
Torrar a farinha ligeiramente e misturar no leite quente. Corar a cebola com o adoçante e mais 1/2 colher de chá de sal, juntar o leite com a farinha e levar ao fogo para engrossar.
Provar de sal e juntar o creme de repolho e a couve-de-bruxelas; deixar ferver por 10 minutos, apagar o fogo e colocar a margarina.

PRATO PRINCIPAL
cada porção
276 calorias

Filé de Linguado ao Creme de Espinafre

Coar a salmoura, juntar a margarina derretida (sem ferver) e as alcaparras. Regar cada filé com o molho obtido e cobrir com rodelas de cebola e tomate. Assar em forno moderado por 20 minutos. Ao retirar do forno, acrescentar salsa picada.

GUARNIÇÃO
cada porção
82 calorias

Batatas Tostadas

INGREDIENTES (4 porções)

5 colheres de sopa de cebola picada
1 colher de chá de margarina
1/2 envelope de adoçante
1 colher de chá de sal
1 dente de alho
750 gramas de espinafre escaldado e drenado (1 quilo bruto)
3 colheres de sopa rasas de leite em pó desnatado
2 colheres de sobremesa de maisena
650 gramas de peixe em filé
1 colher de sobremesa de sal para temperar o peixe
Caldo de 1 limão
Coentro a gosto
2 colheres de chá de manteiga derretida
1 colher de sopa de alcaparras
Rodelas finas de cebola e tomate
Salsa picada a gosto

MODO DE FAZER

Temperar o peixe — cortado em filés de 160 gramas — com 1 colher de sobremesa de sal, limão e coentro, socados juntos; deixar marinar por 2 horas.
Levar ao fogo a cebola picada, o adoçante, o sal, o alho esmagado e a margarina; mexer até ficar transparente.
Juntar o espinafre, drenado e batido; ferver por 5 minutos. Dissolver o leite em pó e a maisena em 1/2 copo de água, misturar com o espinafre e manter no fogo até obter um creme espesso. Deixar amornar e reservar.
Colocar o creme de espinafre num refratário e cobrir com os filés.

INGREDIENTES (4 porções)

250 gramas de batata descascada
1 colher de chá de margarina
3 colheres de chá de queijo parmesão ralado

MODO DE FAZER

Cozinhar as batatas *al dente* cortadas em cubos grandes com pouco sal. Escorrer a água e misturar com a margarina, sacudindo a panela.
Colocar as batatas em refratário ligeiramente untado, polvilhar com o parmesão e levar ao forno bem quente por 10 minutos antes de servir.

PRATO PRINCIPAL
cada porção
195 calorias

Filé de Peixe ao Molho Escabeche

GUARNIÇÃO
cada porção
124 calorias

Acelga com Arroz

INGREDIENTES (4 porções)
600 gramas de filés limpos (4 filés grossos de 150 gramas)
1/2 colher de sopa de sal
2 dentes de alho
2 colheres de sobremesa de caldo de limão

INGREDIENTES DO MOLHO ESCABECHE
100 gramas de cebola cortada em rodelas finas
6 colheres de sobremesa de vinagre
2 colheres de sobremesa de azeite
1 folha pequena de louro e uma pitada de páprica
100 gramas de cenoura cortada em fios
2 dentes de alho esmagados
1 copo de água
1 colher de café de sal

MODO DE FAZER
Temperar os filés de peixe com sal, alho socado e caldo de limão; escorrer e grelhar.

Para preparar o molho escabeche, refogar as cebolas ligeiramente, juntar os demais ingredientes (temperos) e ferver. Retirar a folha de louro, acrescentar os fios de cenoura, previamente escaldados, e apagar o fogo.

Regar o peixe com o molho e servir quente ou frio.

INGREDIENTES (4 porções)
800 gramas de acelga limpa e cortada em pedaços largos
6 pernas de aipo (só o branco)
Caldo de 1/2 limão
1 colher de chá bem cheia de margarina
1 colher de chá de sal
1/2 envelope de adoçante
Uma pitada de cominho
250 gramas de arroz branco (pré-cozido)

MODO DE FAZER
Levar ao fogo a margarina com 1/2 copo de água, o aipo e a acelga; deixar ferver até amolecer a acelga. Acrescentar o suco de limão, sal, adoçante e o cominho; manter em fogo baixo até ficar bem cozida.

Retirar o excesso de água e juntar o arroz, misturando por igual; abaixar o fogo e deixar a panela tampada por 15 minutos. Se for necessário, regar com a água retirada da acelga.

PRATO PRINCIPAL
cada porção
224 calorias

Fritada de Peixe

GUARNIÇÃO
cada porção
65 calorias

Chicória ao Leite

INGREDIENTES (4 porções)

500 gramas de carne de peixe moída
300 gramas de tomate sem pele e sem sementes
300 gramas de cebola
2 dentes de alho
100 gramas de pimentão
2 colheres de sopa de caldo de limão
1/2 colher de sal e de páprica
Salsa, cebolinha e coentro a gosto
1 colher de café de azeite
4 ovos

MODO DE FAZER

Moer a carne do peixe e temperar com sal, alho, limão e páprica. Preparar um refogado rápido com a cebola picada, o tomate, o pimentão em cubinhos, a salsa, o coentro e a cebolinha picados e o azeite.

Colocar os temperos numa panela destampada, juntar o peixe moído e deixar refogar, mantendo no fogo até secar. Apagar o fogo.

Esfriar o peixe e acrescentar os ovos, batidos inteiros.

Colocar numa fôrma redonda ou quatro fôrmas pequenas, com porções iguais. Enfeitar com rodelas de cebola e levar ao forno de 20 a 30 minutos para assar.

INGREDIENTES (4 porções)

2 molhos grandes de chicória limpa e escaldada
1 copo de leite desnatado
1/2 molho de salsa picadinha
Sal e pimenta a gosto
2 colheres de sopa cheias de farinha de trigo

MODO DE FAZER

Cortar a chicória em pedaços grandes, escaldar com água fervendo e escorrer bem.

Colocar na panela o leite desnatado, o sal, a pimenta, a salsa picadinha e a chicória escaldada. Assim que ferver, diminuir o fogo e deixar cozinhar devagar, de 40 a 50 minutos ou até ficar bem tenra.

Torrar a farinha levemente, desmanchar com o molho do cozimento, levar ao fogo para engrossar e acrescentar à chicória.

Iscas de Peixe

Bertalha Refogada

INGREDIENTES (4 porções)
600 gramas de filé de peixe
1 ovo
1 colher de sopa rasa de maisena
4 colheres de sopa de água
2 colheres de chá de sal
2 dentes de alho
Caldo de limão e coentro a gosto

INGREDIENTES DO CREME
3/4 de lata de milho em conserva ou 2 espigas cozidas sem sal
150ml de leite desnatado
4 colheres de sobremesa de queijo parmesão ralado
1 colher de sopa bem cheia de cebola ralada
1/2 envelope de adoçante

MODO DE FAZER
Cortar o filé tiras largas e temperar com sal, alho, limão e coentro. Deixar marinar por 2 horas.
Refogar a cebola ralada com o adoçante, juntar o milho (com água) e deixar por 5 minutos. Bater o milho no liquidificador com o leite e passar na peneira grossa. Levar ao fogo brando, sempre mexendo, até formar um creme espesso. Temperar com sal, acrescentar o queijo, abrandar com leite ou água e deixar na panela.
Fazer massa com o ovo, a maisena e a água. Secar o peixe, passar rapidamente na massa, fritar em frigideira antiaderente e ir colocando no creme de milho, que deve ser mantido tépido. Quando o peixe estiver todo na panela, levar ao fogo brando, sacudindo a panela. Retirar assim que ferver.
Servir bem quente.

INGREDIENTES (4 porções)
2 molhos de bertalha
1 colher de café de óleo
1 colher de café de sal
3 dentes de alho esmagados
100 gramas de cebola picada
2 colheres de café de vinagre
Páprica a gosto
1/2 envelope de adoçante

MODO DE FAZER
Colocar as folhas da bertalha numa panela, cobrir com água fervendo, escorrer rapidamente e cobrir novamente com água gelada.
Levar o óleo, o alho, o sal, a cebola e a páprica ao fogo, refogar rapidamente, juntar o vinagre, o adoçante e as folhas escaldadas. Cozinhar abafado por uns 20 ou 30 minutos. Provar de sal.

Peixe
à Espanhola

Brócolis
na Manteiga

INGREDIENTES (6 porções)

900 gramas (6 unidades) de postas de peixe congro-rosa ou badejo sem pele e sem espinha.
250 gramas de tomate sem pele e sem sementes
200 gramas de cebolas
1 pimentão pequeno sem sementes
1 colher de sobremesa de azeite
1/2 colher de sopa rasa de sal
1 dente de alho
Limão, páprica, coentro e estragão a gosto
1 amarrado de salsa e cebolinha
500 gramas de batata-inglesa

MODO DE FAZER

Separar as postas de peixe; temperar com sal, alho, limão, páprica e coentro; estragão deixar marinar por 2 horas.

Cortar as cebolas, os tomates e o pimentão em rodelas finas, e as batatas em rodelas mais grossas.

Untar uma panela que possa ir à mesa com azeite e arrumar da seguinte forma: uma camada de cebola, uma de pimentão, uma de tomate, uma de batata, e outra de peixe; repetir, se necessário.

Cobrir tudo com o azeite restante e o amarrado de salsa e cebolinha.

Levar ao fogo bem fraco para cozinhar. Quando as batatas de cima estiverem cozidas, porém firmes, apagar o fogo. Reservar na própria panela que será usada para servir.

INGREDIENTES (6 porções)

900 gramas de brócolis limpos (folhas, talos e flores)
1 colher de sopa rasa de maisena
1 colher de sopa de farinha de trigo
1 colher de chá de margarina
1/2 cebola
1/2 envelope de adoçante
Uma pitada de bicarbonato

MODO DE FAZER

Limpar os brócolis e escaldar com sal e bicarbonato.

Levar ao fogo a margarina com a cebola, borrifar com adoçante, maisena e farinha de trigo. Assim que as cebolas ficarem transparentes, juntar os brócolis. Abafar a panela e manter tampada em fogo fraco por 10 a 15 minutos, pingando água quente, conforme necessário.

Servir os brócolis bem quentes junto com o peixe.

Peixe Ensopado com Chicória

Pirão de Farinha

INGREDIENTES (4 porções)
600 gramas de peixe cortado em cubos médios
200 gramas de tomate sem pele e sem sementes
200 gramas de cebola
50 gramas de pimentão
1 molho de cheiro-verde picadinho
1/2 ramo de coentro picadinho
2 dentes de alho socados
Caldo de limão a gosto
2 colheres de chá de sal
1/2 cubo de caldo concentrado de galinha
2 colheres de chá de azeite
1 colher de café de margarina
4 molhos de chicória
Uma pitada de bicarbonato

MODO DE FAZER
Temperar os pedaços de peixe com sal, alho, limão e coentro; reservar.
Preparar um molho tipo moqueca, levando ao fogo os temperos picados (cebola, tomate, cheiro-verde, pimentão, concentrado de galinha, azeite, margarina); deixar refogar sem desmanchar.
Secar o peixe, passar na frigideira antiaderente rapidamente e jogar dentro do molho. Abafar e deixar em fogo fraco por uns 30 minutos.
Retirar os pedaços de peixe, junto com um copo e meio de molho, e reservar.
Escaldar as folhas de chicória rasgadas ao meio (sem o talo) com sal e bicarbonato. Escorrer toda a água, espremendo um pouco.
Jogar a chicória no molho do peixe e deixar no fogo, com a panela tampada, até amaciar as folhas. Se necessário, acrescentar água. Depois, retirar as folhas, juntar ao peixe, separar o molho e reservar para o pirão (receita a seguir).

INGREDIENTES (4 porções)
4 colheres de sopa de farinha de mandioca
1 copo de molho do peixe anteriormente preparado

MODO DE FAZER
Desmanchar a farinha em uma xícara de água fria, juntar o molho do peixe, provar de sal e levar ao fogo para cozinhar.
A farinha deve ficar bem cozida (se for preciso, acrescentar água).

Robalo com Manjericão

Creme de Palmito

INGREDIENTES (6 porções)

900 gramas de postas de robalo
250 gramas de cebola em rodelas
1/2 molho de manjericão
1/2 cubo de caldo concentrado de galinha
1/2 envelope de adoçante
1 colher de café de azeite
2 colheres de sopa rasas de leite em pó desnatado
1 colher de sopa rasa de maisena
1/2 colher de sopa rasa de margarina
Limão a gosto
2 dentes de alho
1 colher de chá de sal

MODO DE FAZER

Temperar o peixe com sal, alho e limão.
Untar a panela com azeite e arrumar camadas alternadas de cebola, peixe e raminhos de manjericão, terminando com cebolas e manjericão. Colocar o cubo de concentrado de galinha esmagado sobre a primeira camada de peixe. Tampar a panela e deixar no fogo brando por uns 40 minutos.
Retirar o peixe, provar de sal, juntar o leite em pó desmanchado em 1/2 copo de água, a maisena e o adoçante, sempre mexendo, deixar ferver por 5 minutos. Apagar o fogo, juntar a margarina e cobrir o peixe, já colocado numa travessa refratária. Ao retirar o peixe, deixar a cebola e o manjericão que tiverem aderido.

INGREDIENTES (6 porções)

1 vidro de palmito
4 colheres de sopa de leite em pó desnatado
1 colher de sopa cheia de maisena
1 colher de sopa cheia de margarina
1 colher de chá de queijo parmesão ralado
7 colheres de sopa de cebola ralada
1/2 envelope de adoçante

MODO DE FAZER

Bater no liquidificador metade do palmito, juntamente com o leite a maisena e 1/2 copo de água pura. Se a água do palmito não for salgada demais ou ácida, pode-se substituir metade da água pela água do palmito.
Refogar a cebola na margarina sem corar, com um pouco de adoçante. Juntar o creme de palmito e levar ao fogo, mexendo sempre, até encorpar. Se for necessário, juntar mais água.
Cortar o restante do palmito em rodelas iguais. Colocar num refratário. Cobrir com o creme e com o queijo ralado. Gratinar na hora de servir.

PRATO PRINCIPAL
cada porção
265 calorias

Pudim de Peixe ao Molho Rosado

GUARNIÇÃO
cada porção
126 calorias

Silveira Aux Fines Herbes

INGREDIENTES (4 porções)

600 gramas de filé de peixe limpo
4 ovos
8 colheres de sopa de cebola picada
120 gramas de tomate sem pele e sem sementes
3 limões
1 colher de chá de sal
1/4 de molho de coentro
1/2 molho de salsa
1/2 pimentão pequeno (verde)
1 colher de sopa de farinha de trigo
1/2 cubo de caldo de galinha concentrado

INGREDIENTES DO MOLHO ROSADO

3 colheres de sopa de maionese *diet*
1 colher de sopa cheia de leite em pó desnatado
3 colheres de sopa de suco de tomate
1/2 cebola ralada e passada na peneira
1 xícara de chá de água
1 colher de café de sal, mostarda e molho inglês
1/2 envelope de adoçante

MODO DE FAZER

Preparar uma moqueca (ver Dicas) com o peixe, os temperos e o azeite. Separar e coar o caldo; desfiar o peixe e reservar.
Dissolver a farinha em 1/2 copo do caldo do peixe, misturar com os ovos mal batidos. Acrescentar a mistura ao peixe reservado. Assar em uma fôrma grande ou em quatro fôrmas menores iguais, untadas com margarina, em banho-maria. Depois de pronto, cobrir com o molho rosado.
Para preparar o molho, misturar todos os ingredientes bem desmanchados e levar ao fogo, mexendo até ferver. Apagar o fogo imediatamente.

INGREDIENTES (4 porções)

1 quilo de chuchu em cubos
1 colher de sopa bem cheia de farinha de trigo
1/2 colher de café de fermento em pó
1 colher de café de margarina
100 gramas de cebola picada
1/2 molho de salsa picada
1/4 de molho de coentro
1 colher de café de sal
1/2 envelope de adoçante
1 ovo

MODO DE FAZER

Refogar a cebola na margarina com o adoçante e o sal; quando estiver corada, apagar o fogo, colocar o chuchu, polvilhar com a metade da farinha de trigo, tampar a panela e deixar cozinhando em fogo brando. Quando estiver cozido, porém firme, apagar o fogo e retirar para o escorredor.
Cortar os temperos miudinhos (salsa e coentro) e misturar com o chuchu.
Bater a clara em neve, misturar a gema e continuar batendo; em seguida, juntar a farinha peneirada com o fermento e misturar sem bater. Juntar esta massa ao chuchu.
Assar em tabuleiro untado e polvilhado com farinha de trigo por aproximadamente 15 minutos. Desmanchar com o garfo, como ovos mexidos.

Bacalhau com Grão-de-Bico e Mostarda

INGREDIENTES (4 porções)

300 gramas de bacalhau limpo e desfiado grosso
200 gramas de cebola cortada em rodelas grossas
1 colher de sobremesa de vinho branco seco
300 gramas de grão-de-bico
400 gramas de folhas de mostarda
1 colher de chá de azeite
200 gramas de mozarela ralada
1/2 colher de café de margarina
2 dentes de alho
2 colheres de café de sal
1/2 envelope de adoçante

MODO DE FAZER

Colocar o grão-de-bico de molho por algumas horas. Levar ao fogo e cozinhar bem. Bater no liquidificador, passar pela peneira e reservar. Escaldar a mostarda e reservar.
Deixar o bacalhau de molho de véspera, mudando a água duas vezes. Tirar a pele e as espinhas, desfiar em pedaços grandes e escorrer bem.
Fritar o bacalhau no azeite até ficar bem solto e reservar.
Levar a margarina com o alho socado ao fogo. Juntar o purê de grão-de-bico, uma colher de sal e refogar, mexendo para não pegar.
Levar a cebola ao fogo com o adoçante e a outra colher de sal. Revirar constantemente até que a cebola esteja transparente, sem corar. Acrescentar o vinho, tampar a panela e deixar a cebola cozinhar.
Para servir, usar um refratário; colocar as folhas de mostarda no fundo, em seguida, o ba-calhau. Sobre ele, a cebola; depois, o purê de grão-de-bico e, por fim, a mozarela. Levar ao forno por aproximadamente 30 minutos antes de servir.

Bolo de Bacalhau com Molho de Camarão

INGREDIENTES (6 porções)

150 gramas de bacalhau desfiado
1/2 colher de café de azeite
1 dente de alho moído
250 gramas de tomate sem pele e sem sementes
150 gramas de cebola moída
Salsa, cebolinha e coentro a gosto
1 colher de sopa de margarina
30 gramas de farinha de trigo
1/2 litro de leite desnatado
6 ovos
30 gramas de passa sem caroço
Farinha de rosca para polvilhar

INGREDIENTES DE MOLHO

300 gramas de camarão limpo
1 dente de alho pequeno
1 colher de chá de sal
Caldo de 1 limão grande
1/2 envelope de adoçante
Uma pitada de fondor e páprica
1 colher de café de margarina
1 colher de café de azeite
1/4 de tablete de caldo de galinha concentrado
1/2 cebola moída pequena
100 gramas de tomate sem pele e sem sementes

Metade de 1 pimentão sem sementes
Um amarrado de cheiro-verde, coentro e
cebolinha
1 colher de sobremesa de maisena
200ml de leite

MODO DE FAZER

Deixar o bacalhau de molho, trocando a água,
tirar a pele e as espinhas e desfiar a carne. Fazer
um refogado com todos os temperos e o azeite,
juntar o bacalhau e deixar em fogo brando por
40 minutos.

Fazer um creme com a margarina, a farinha de
trigo e o leite. Juntar ao bacalhau ensopado e
deixar esfriar. Juntar os ovos com as claras em
neve e misturar levemente. Assar em fôrma pequena de canudo, untada e polvilhada com farinha de rosca; polvilhar também o bolo e levar ao
forno em banho-maria. Para servir, dividir o bolo
em 6 fatias e cobrir com molho de camarão.

Para preparar o molho, temperar o camarão com
sal, limão e alho.

Levar ao fogo o tomate com metade do azeite, a
margarina, o adoçante e o concentrado de galinha. Quando estiver bem desmanchado, juntar
a cebola, o cheiro-verde, o coentro e a cebolinha
amarrados e o pimentão. Abafar a panela e deixar cozinhar por 5 minutos. Juntar o camarão,
tampar a panela e deixar cozinhar por 20 minutos. Retirar os camarões e reservar.

Retirar o amarrado de temperos e o pimentão,
bater o molho no liquidificador e passar pela peneira. Juntar o leite, a maisena, a páprica e o
fondor, provar de sal e de tempero e levar ao fogo
para ligar. Apagar o fogo e acrescentar o resto
do azeite e os camarões.

PRATO ESPECIAL
cada porção
213 calorias

Casquinha de Siri

INGREDIENTES (6 porções)

500 gramas de camarão limpo
400 gramas de carne de siri (bem limpa)
2 gemas cozidas e 2 gemas cruas
50 gramas de miolo de pão amassado
150 gramas de cebola picada
150 gramas de tomate sem pele e sem
sementes
3 dentes de alho esmagados
Coentro, salsa e cebolinha a gosto
2 colheres de sopa de queijo parmesão ralado
1 colher de sobremesa de farinha de rosca
Sal e páprica a gosto

MODO DE FAZER

Fazer um refogado de cebola, tomate e demais
temperos. Moer o camarão, juntar ao molho e
deixar cozinhar por 10 minutos.

Juntar a carne de siri, as gemas cozidas bem
batidas, o miolo de pão amassado e continuar
mexendo até ligar.

Apagar o fogo, juntar as gemas cruas (fora do
fogo) e dividir a massa em 12 porções.

Encher forminhas untadas com uma porção de
massa, cobrir levemente com farinha de rosca e
queijo parmesão; levar ao forno por 40 minutos
antes de servir.

Cada pessoa pode comer 2 forminhas.

Paella Valenciana

quente); juntar os pimentões, mexer com cuidado, diminuir o fogo e deixar o arroz cozinhar destampado. Apagar o fogo e cobrir com os camarões.

Peixe ao Coco com Arroz

INGREDIENTES (12 porções)
300 gramas de camarão já limpo
300 gramas de peixe em tiras
300 gramas de lula já limpa
300 gramas de carne de galinha ensopada
300 gramas de salsicha de ave defumada
300 gramas de cebola picada
2 dentes de alho
1 molho de cheiro-verde
1 lata de milho verde
1 lata de ervilha
300 gramas de pimentão (150 gramas do verde e 150 gramas do vermelho)
1/2 quilo de arroz cru
3 colheres de sobremesa de azeite
Açafrão a gosto
2 colheres de sopa de sal (para distribuir)
Uma pitada de pimenta

MODO DE FAZER
Limpar e separar: camarões, lulas, e tiras de peixe; temperar com sal e limão.

Ensopar a galinha (se for peito, já cortado em cubos, se for coxa, desfiar a carne depois de cozida), separar o caldo, desengordurar e reservar.

Cortar a salsicha em rodelas e reservar. Picar os pimentões (vermelhos e verdes) em quadrados. Moer os dentes de alho e as cebolas, levar ao fogo com o azeite e refogar; juntar o caldo do frango, a lula limpa e cortada em anéis, os camarões, o peixe em tiras e deixar cozinhar por 15 minutos; retirar os camarões e reservá-los.

Provar de sal e pimenta, juntar as carnes (frango e salsichas), o cheiro-verde picado e os vegetais (milho e ervilha); deixar ferver e acrescentar o arroz e o açafrão (se necessário, colocar água

INGREDIENTES (6 porções)
1 quilo de filé de congro-rosa em fatias
3 tomates maduros sem pele e sem sementes
1/2 cebola média
2 pimentões (verde e vermelho)
2 dentes de alho
1 colher de sopa cheia de azeite
1/2 colher de sopa de sal
Páprica, salsa, cebolinha e coentro a gosto
1/2 copo de leite de coco industrializado (de preferência desengordurado)
Suco de 2 limões

INGREDIENTES DO ARROZ
250 gramas de arroz cru
2 dentes de alho
1/2 cebola pequena ralada
1 alho-poró (só o branco, em rodelas)
1/2 copo de leite de coco

MODO DE FAZER
Temperar o peixe com sal, alho, limão e uma pitada de páprica picante; marinar por 2 horas.

Colocar na panela o azeite e todos os temperos cortados (cebola em rodelas, tomate, pimentão, salsa, cebolinha e coentro); tampar a panela e deixar em fogo brando até formar o molho (sem desmanchar os temperos).

Juntar o leite de coco ao molho, arrumar as postas de peixe sobre o molho, tampar a panela e continuar em fogo brando para cozinhar o peixe (30 ou 40 minutos).

Quando o peixe estiver cozido, porém firme, e com bastante molho, tirar uma boa parte deste molho para outra panela, acrescentar água, coar, provar de sal, medir 1/2 litro e reservar para completar o cozimento do arroz.

Refogar o arroz na panela e acrescentar 1/2 litro de água. Antes de água secar, juntar o caldo de peixe reservado, o leite de coco e o alho-poró e rodelas; misturar bem e deixar secar.

Servir o peixe com o arroz, ambos bem quentes.

Peixe com Couve-Flor Au Gratin

INGREDIENTES (6 porções)
900 gramas de postas de peixe
2 dentes de alho
1/2 cebola em rodelas
Sal e limão a gosto
1 colher de café de azeite
1 amarrado de cheiro-verde
1 gema
3 colheres de sopa de queijo parmesão ralado
900 gramas de couve-flor escaldada
1/2 colher de sopa de leite em pó desnatado

MODO DE FAZER
Temperar as postas de peixe com sal e limão; deixar descansar por 1 hora.

Escaldar a couve-flor na panela, coberta com sal, leite em pó e água fervendo para cobrir. Cozinhar por 2 minutos e reservar sem a água.

Esmagar os dentes de alho e cortar as cebolas em rodelas grossas; untar a panela com um pou-

co de azeite e distribuir sobre o fundo o alho esmagado e metade da cebola cortada. Arrumar as postas de peixe na panela e cobrir com o restante da cebola, do azeite e o amarrado de cheiro-verde. Tampar a panela e cozinhar o peixe em fogo bastante fraco.

Quando o peixe estiver cozido, porém bem firme, retirá-lo da panela, remover a pele e as espinhas e reservar.

Verificar se a cebola e o alho estão bem cozidos e, se necessário, acrescentar um pouco de água.

Retirar o cheiro, voltar ao fogo para amaciar e passar tudo pela peneira.

Separar a gema, passar na peneira, bater bem com um garfo e ir desmanchando com o caldo quente do peixe; despejar na panela, sempre mexendo, diminuir o fogo e continuar mexendo até obter um molho espesso, com cuidado para não ferver (fica com aparência de maionese).

Num refratário, arrumar a couve-flor e o peixe, cobrir com o molho e o queijo parmesão e levar ao forno para gratinar.

Sanduíche de Atum ao Forno

INGREDIENTES (4 porções)
8 fatias de pão de fôrma (2 para cada porção)
1 ovo batido
1 xícara de café de leite desnatado
Salsa picada a gosto
2 colheres de sopa de queijo parmesão ralado

INGREDIENTES DE RECHEIO
320 gramas de atum
4 porções de molho bechamel

INGREDIENTES DO BECHAMEL
2 colheres de sobremesa de margarina
1 colher de sopa rasa de farinha de trigo
1 xícara grande de leite desnatado
Tempero a gosto

MODO DE FAZER
Preparar o molho bechamel e reservar.
Misturar o atum (*que pode ser metade ou parte de bonito*) com o molho bechamel.
Fazer os sanduíches, alternando pão, recheio de atum e, por fim, pão.
Cobrir tudo com uma mistura feita com ovo batido (clara e gema juntas), leite desnatado e salsa picadinha. Polvilhar com o queijo parmesão ralado.
Levar ao forno por 20 a 30 minutos antes de servir.

MODO DE FAZER
Colocar o hadoque de molho no leite de véspera. Coar o leite e reservar. Tirar a pele e as rebarbas do hadoque.
Temperar o peixe com sal, alho e limão.
Cortar a cebola em rodelas (para ensopar o peixe) com salsa, cebolinha, coentro e louro.
Desmanchar a carne de hadoque e desfiar o peixe ensopado; misturar as duas carnes.
Preparar o bechamel, juntar as carnes de peixe e levar ao fogo para ligar. Deixar esfriar.
Antes de servir, juntar as gemas uma a uma, bater as claras em neve firme, juntar à massa e misturar levemente. Colocar num prato refratário, cobrir com o parmesão, levar ao forno por 15 a 20 minutos e servir em seguida.

Suflê de Hadoque

INGREDIENTES (6 porções)
250 gramas de hadoque
500 gramas de carne de peixe cozida
200 gramas de cebola
1 amarrado de salsa, cebolinha e coentro
1 folha de louro
5 ovos
Sal, alho e limão a gosto
3 colheres de sopa de queijo parmesão ralado

INGREDIENTES DO BECHAMEL
2 copos de leite desnatado
5 colheres de farinha de trigo torrada
3 colheres de sopa de cebola ralada fina
1 colher de sobremesa cheia de margarina

Torta de Peixe com Brócolis

INGREDIENTES (4 porções)
700 gramas de pedaços de peixe
1 copo de leite desnatado
600 gramas de brócolis limpos
1 colher de chá de azeite
2 ovos
150 gramas de tomates
100 gramas de cebolas em rodelas
Sal, limão, alho e coentro a gosto

MODO DE FAZER
Preparar um ensopado do peixe com a metade do azeite e os temperos. Separar os pedaços.
Escaldar os brócolis, separar as folhas e cortar à mineira (em tiras grossas).
Desmanchar os ovos com uma faca (sem bater),

misturar com o leite, juntar o restante do azeite e mais temperos, se desejar.

Forrar um refratário com as folhas dos brócolis, cobrir com o ensopado de peixe, espalhar as flores dos brócolis por cima e cobrir tudo com o leite já preparado; levar ao forno 15 minutos antes de servir.

PRATO ESPECIAL
cada porção
211 calorias

Vatapá

INGREDIENTES (12 porções)
1 quilo e 200 gramas de moqueca de peixe (só a carne)
600 gramas de moqueca de camarão (sem o molho)
1 quilo e 300 gramas de purê de cenoura
1 colher de sobremesa de azeite
1 colher de sopa de amendoim torrado e moído
1 colher de sopa de camarão seco torrado e moído
1/2 colher de café de gengibre moído
1 vidro de leite de coco de baixo teor de gordura
Pimenta-malagueta ou páprica a gosto

INGREDIENTES DA MOQUECA DE PEIXE
1 quilo e 800 gramas de posta de badejo, cherne ou congro-rosa
1 cabeça de badejo ou cherne de aproximadamente 1 quilo e meio
1/2 quilo de tomate maduro sem pele e sem sementes
300 gramas de cebola picada
100 gramas de pimentão picado
Sal, limão, páprica e alho
1 molho de salsa e cebolinha picado

1 amarrado de coentro
1/2 vidro de leite de coco de baixo teor de gordura
2 colheres de sopa de sal
4 dentes de alho

INGREDIENTES DA MOQUECA DE CAMARÃO
600 gramas de camarão já limpo
200 gramas de tomates maduros sem pele e sem sementes
1/2 pimentão sem sementes
1 colher de chá de azeite
1/2 tablete de caldo concentrado de galinha
Limão e páprica a gosto
1 colher de sopa de cebola ralada
1 amarrado de cheiro-verde
1/2 vidro de leite de coco de baixo teor de gordura
1/2 colher de sopa de sal
1 dente de alho

MODO DE FAZER
1ª Etapa — moqueca de peixe
Temperar o peixe e a cabeça (separada) com limão, sal e alho.

Levar ao fogo o azeite com os demais temperos — tomate, cebola, páprica, salsa e cebolinha — e refogar rapidamente. Colocar as postas de peixe sobre os temperos, regar com meio vidro de leite de coco, cobrir com um amarrado de coentro, tampar a panela e cozinhar em fogo brando, sem deixar o peixe desmanchar. Retirar os pedaços limpos do peixe (só a carne) e reservar.

Na mesma panela, colocar a cabeça do peixe no molho, acrescentar 1/2 vidro de leite de coco, abafar e deixar cozinhar bem; pode acrescentar água. Retirar toda a carne da cabeça e juntar ao molho. Escaldar os ossos da cabeça com pouca água, coar sobre o molho e reservar.

2ª Etapa — moqueca de camarão
Temperar os camarões com sal, alho e limão.

Fazer um molho com o tomate bem desmanchado; colocar a cebola, o concentrado de galinha e
o azeite até ficar bem desmanchado. Juntar o
pimentão, o camarão, o amarrado de cheiro-verde e regar com o leite de coco. Deixar no fogo
por 15 minutos. Retirar o cheiro e o pimentão
separar os camarões limpos e o molho; reservar.

3ª Etapa

Preparar (com antecedência) um purê de cenoura: cozinhar as cenouras com pouco sal, passar
pelo liquidificador, peneirar e levar ao fogo até
soltar da panela. Juntar aos molhos do peixe,
incluindo as migalhas que sobraram do molho do
peixe, e do camarão. Bater no liquidificador e
reservar.

4ª Etapa

Colocar 1 vidro de leite de coco na panela, igual
porção de água, acrescentar o amendoim torrado e socado, a farinha de camarão seco torrado,
o gengibre ralado e levar ao fogo. Ferver por 5
minutos, bater no liquidificador e juntar ao molho preparado.
Passar o molho pela peneira, acrescentar o purê
de cenoura e levar tudo ao fogo, mexendo de vez
em quando, até obter um creme espesso e homogêneo. Juntar os pedaços de peixe e o camarão. Apagar o fogo, acrescentar o azeite e o
vatapá está pronto.
Fazer um pirão com 180 gramas de creme de
arroz (farinha) desmanchado em 2 copos de água,
1 colher de café de óleo e sal a gosto. Levar ao
fogo até que fique bem cozido, acrescentando
água, se necessário.

Ligia, com seu encanto e força, sempre soube ser sedutora sem perder a disciplina. Sabe ser presente sem ser excessiva. Em suma, mulher a ser invejada e imitada.

Ivo Pitanguy

Ai como amo as massas! Já dei até depoimentos sobre o meu vício de comer pizza. Com chope é o ideal, mas deixa estar que com guaraná *diet* é um delírio. Adoro pizza fininha, simples, sem muitos ingredientes. Minha preferida é a marguerita com tomates e manjericão. Mas, às vezes, num ato de desvario, ataco de portuguesa e fico culpada até desgastar aqueles 300 gramas a mais que a balança acusou.

Algumas vezes, fiz testes para verificar o quanto a massa afeta meu peso.

Almocei durante cinco dias um prato de macarrão — talharim, espaguete ou parafuso, regado só com uma colherinha de manteiga ou azeite e cebola. Comi um prato bem cheio e não engordei nada.

Depois, comi 1/2 pizza média e não tomei chope. Neste caso, também não engordei.

Tentei uma pizza média sem chope e no dia seguinte tinha ganhado 200 gramas.

Experimentei 1/2 pizza média com um chope e a balança mostrou 400 gramas.

Comi 1 pizza média com dois chopes e acabei ganhando um quilo.

Após esta última orgia gastronômica, as bicicletas ergométricas que tenho na academia ficaram sobrecarregadas, pois precisaram funcionar pela manhã e à tarde, como se fossem culpadas pelo meu pecado capital. E aí acabei chegando a uma conclusão: pizza com chope é bom, mas muito, muito cansativo.

MASSAS

Canelone aos Quatro Queijos

INGREDIENTES (6 porções)
6 ovos inteiros
225 gramas de farinha de trigo
3 xícaras de chá de leite desnatado

INGREDIENTES DO RECHEIO
250 gramas de massa de abóbora assada
(750 gramas de abóbora japonesa)
1 ovo
250 gramas de queijo parmesão ralado
150 gramas de queijo fundido
Uma pitada de noz-moscada ralada
150 gramas de ricota amassada
Sal a gosto

INGREDIENTES DO MOLHO DE GORGONZOLA
50 gramas de queijo gorgonzola (1/5 do tablete)
Bechamel preparado com: 2/3 de colher de café de margarina, 100 gramas de farinha de trigo, 1 1/2 colher de sopa de cebola ralada, 2 xícaras de leite desnatado
2 colheres de sopa rasa de extrato de tomate
1 colher de café de margarina
1 copo de caldo de frango desengordurado

MODO DE FAZER
Desmanchar os ovos com uma faca até ficarem bem lisos; juntar a farinha de trigo aos poucos e misturar bem; acrescentar o leite aos poucos, formando uma mistura homogênea. Passar pela peneira para desmanchar grânulos. A massa deve ficar mais grossa que a das panquecas.
Fazer os canelones na chapa e cortar todos iguais, num total de 12 unidades; reservar.
Para fazer o recheio, retirar as sementes e os fiapos da abóbora e levar ao forno brando para secar (de 20 a 30 minutos).
Retirar a polpa da abóbora com uma colher, amassar bem, juntar a ricota, o queijo fundido amassado e o ovo desmanchado com a faca; passar tudo pela peneira, juntar o queijo parmesão, temperar com sal e noz-moscada; reservar.
Para preparar o molho, desmanchar o extrato de tomate no caldo de frango desengordurado, juntar o bechamel e ferver; apagar o fogo, juntar a margarina e o gorgonzola esmagado e mexer até homogeneizar.
Arrumar o prato, dividindo o recheio em 12 porções iguais para rechear os canelones e enrolar. Arrumar de 2 em 2 (1 porção). Cobrir cada porção com 1/6 do molho e borrifar com uma colher de chá de parmesão ralado. Na hora de servir, levar ao forno para gratinar levemente.

Canelone Misto com Molho de Ameixa

INGREDIENTES DO RECHEIO (6 porções)
150 gramas de ricota esmagada
150 gramas de presunto magro e moído
1 colher de sopa de salsa picadinha
1 colher de sobremesa de queijo parmesão ralado
1 1/2 colher de sopa de leite desnatado
1/4 de colher de café de maisena

INGREDIENTES DO MOLHO
2 xícaras de caldo de frango desengordurado (1/2 tablete)
75 gramas de ameixa-preta

1 colher de chá de maisena
Sal a gosto

MODO DE FAZER

Preparar 12 canelones, seguindo a receita dos quatro queijos.

Para fazer o recheio, misturar os ingredientes (menos o parmesão) até ficarem bem ligados e acrescentar o leite, engrossado no fogo com a maisena, para homogeneizar. Dividir o recheio em 12 porções, rechear os canelones e reservar.

Para o molho, cozinhar as ameixas no caldo de frango até ficarem bem macias.

Descaroçar as ameixas, bater com todo o caldo no liquidificador e passar pela peneira. Provar de sal e medir; se necessário, acrescentar mais caldo para obter 300ml.

Levar ao fogo e, assim que ferver, juntar a maisena diluída em pouca água para ligar.

Arrumar os canelones de 2 em 2 (1 porção), cobrir cada porção com 1/6 do molho e 1 colher de chá de parmesão. Na hora de servir, levar ao forno para aquecer.

PRATO ESPECIAL
cada porção
443 calorias

Lasanha
à Bolonhesa

INGREDIENTES (6 porções)

4 ovos inteiros
160 gramas de farinha de trigo
350ml de leite desnatado

INGREDIENTES DO RECHEIO

300 gramas de carne moída
125 gramas de tomate sem pele e sem sementes
3 colheres de sopa de extrato de tomate
1 ou 2 dentes de alho esmagados

8 colheres de sopa de cebola ralada
Sal, páprica e orégano a gosto
1 colher de café de óleo
150 gramas de mozarela picada
60 gramas de presunto magro picado
2 colheres de sopa rasas de queijo parmesão ralado

INGREDIENTES DO BECHAMEL

1 colher de sobremesa de margarina
3 colheres de sopa de farinha de trigo
4 colheres de sopa de cebola ralada
3 xícaras de leite desnatado
Sal e adoçante

MODO DE FAZER

Desmanchar os ovos com uma faca até ficarem bem lisos; juntar a farinha de trigo aos poucos e misturar bem; acrescentar o leite aos poucos, formando uma mistura homogênea. Passar pela peneira para desmanchar os grânulos.

Caso não disponha de uma chapa antiaderente para cortar a massa em tiras largas, fritar em frigideira antiaderente como panquecas, todas iguais. Reservar 12 unidades.

Levar ao fogo a carne moída, o tomate, o alho, a cebola e o óleo, com sal e adoçante. Deixar refogar bem, até que adquira cor. Acrescentar o extrato de tomate, a páprica e o orégano, refogar mais um pouco, juntar 1/4 de litro de água fervendo e, assim que formar o molho, apagar o fogo.

Salpicar um refratário com um pouco do parmesão e forrar com 1/3 das panquecas partidas ao meio, arrumando para que o fundo fique bem coberto.

Colocar 1/3 de molho de carne sobre as panquecas; salpicar com presunto picado e um pouco de mozarela, cobrir com o bechamel, polvilhar de queijo parmesão e repetir duas vezes, terminando com o parmesão.

Na hora de servir, levar ao forno para gratinar.

Nhoque de Espinafre à Bolonhesa

INGREDIENTES (6 porções)

1 quilo de espinafre cozido (cerca de 3 quilos bruto)
150 gramas de queijo parmesão ralado
150 gramas de ricota
2 ovos
50 gramas de farinha de trigo

INGREDIENTES DO MOLHO À BOLONHESA

300 gramas de carne moída
200 gramas de tomate sem pele e sem sementes
2 dentes de alho esmagados
100 gramas de cebola moída
1/2 envelope de adoçante
2 colheres de sobremesa de extrato de tomate
1 colher de café de sal
1/2 colher de café de óleo
1 colher de sopa de molho de soja
Uma pitada de páprica e orégano

MODO DE FAZER

Escaldar o espinafre com sal; deixar escorrendo até esfriar, espremer com as mãos, picar na tábua e reservar (pode passar no processador ou na máquina).

Bater os ovos inteiros (desmanchar com a faca); depois, juntar a ricota esmagada, a farinha de trigo e a metade do queijo parmesão; por fim, juntar o espinafre batido. Amassar bem, até tornar a mistura homogênea. Fazer os nhoques, passar na farinha e jogar em pequenas quantidades numa panela com água e sal fervendo; retirá-los assim que vierem à tona.

Escorrer bem e arrumar num refratário, cobrir com o molho à bolonhesa e polvilhar com o restante do parmesão.

Para fazer o molho, colocar tudo (menos o extrato de tomate e o molho de soja) numa panela e refogar, amassando até que a carne fique bem solta e os temperos desmanchados.

Juntar o extrato de tomate e o molho de soja, refogar 1 minuto e ir juntando água quente até obter um molho não muito espesso.

Rigatone de Presunto à Moda da Lombardia

INGREDIENTES (6 porções)

4 ovos
160 gramas de farinha de trigo
350ml de leite desnatado
300 gramas de mozarela em fatias finas

INGREDIENTES DO MOLHO

2 colheres de sobremesa rasas de queijo parmesão ralado
120 gramas de presunto magro em tiras finas
300 gramas de tomate maduro sem pele e sem sementes
1 colher de sopa de extrato de tomate
75 gramas de cebola picada
75 gramas de cenoura picada
3 pernas de aipo picado (só o branco e sem as fibras)
Uma pitada de orégano e manjericão
Uma pitada de páprica
1/2 colher de café de azeite
1/2 colher de chá de margarina
1/2 colher de café de sal
1/2 envelope de adoçante

MODO DE FAZER

Desmanchar os ovos com uma faca até a mistura ficar bem lisa; juntar a farinha aos poucos, misturando bem; acrescentar o leite e passar a massa pela peneira.

Fritar em grelha e dividir em pedaços iguais (9cm x 13cm seria o ideal) até obter 12 pedaços.

Umedecer ligeiramente cada pedaço da massa e cobrir com uma fatia fina de mozarela; enrolar bem apertado. Cortar cada rolinho em dois e reservar.

Para preparar o molho: pôr a cenoura, a cebola e o aipo para dourar na margarina com o azeite e o adoçante. Juntar os tomates bem amassados com o extrato de tomate (no processador) e deixar cozinhar em fogo alto durante 30 minutos.

Juntar a água necessária para obter 1 litro e passar tudo pela peneira.

Juntar o sal, as ervas e a páprica e deixar ferver; em seguida, juntar o presunto em tirinhas e apagar o fogo.

Cobrir os *rigatones* com o molho; na hora de servir (4 rolinhos por pessoa), acrescentar mais 50 gramas do molho em cada prato e salpicar o queijo parmesão ralado.

PRATO ESPECIAL
cada porção
430 calorias

Rocambole de Camarão

INGREDIENTES (6 porções)

6 ovos
1 colher de sopa de caldo de laranja
6 colheres de sopa rasas de farinha de trigo peneirada
1 colher de chá de fermento
2 envelopes de adoçante
Uma pitada de sal
Margarina para untar o tabuleiro
2 colheres de sobremesa rasas de queijo parmesão

INGREDIENTES DO RECHEIO

1/2 quilo de camarão (pesado sem as cabeças)
200 gramas de tomate sem pele e sem sementes
200 gramas de cebola picada
1/2 tablete de caldo de galinha
1 1/2 colher de café de azeite
Limão, alho e sal a gosto
Cheiro-verde e coentro a gosto
2 colheres de sopa rasas de maisena
1 colher de sopa cheia de leite em pó desnatado
Uma pitada de páprica picante
2 colheres de sobremesa de queijo parmesão ralado

MODO DE FAZER

Passar as gemas pela peneira, juntar o caldo de laranja, 1 envelope de adoçante e bater até engrossar.

Juntar as claras em neve, uma pitada de sal e bater; em seguida, adicionar o fermento peneirado com farinha e mais 1 envelope de adoçante (opcional). Misturar tudo sem bater.

Despejar a massa em tabuleiro untado e polvi-

PRATO ESPECIAL
cada porção
283 calorias

Talharim com Frutos do Mar

lhado com uma colher de chá de farinha de trigo e levar ao forno médio (180º) por aproximadamente 20 minutos.

Virar o rocambole sobre um guardanapo forrado com papel toalha e, ainda quente, cobrir com o recheio. Enrolar rapidamente com a ajuda do guardanapo e manter enrolado até esfriar.

Cortar o rocambole em 6 fatias iguais e cobrir com o molho e o parmesão ralado.

Para fazer o recheio, temperar os camarões com limão, alho e sal. Fazer um bom refogado com as cebolas, os tomates, o azeite, os tabletes de caldo, o cheiro-verde e o coentro e a páprica. Provar de sal e juntar os camarões. Abafar e deixar cozinhar por uns 10 minutos.

Separar os camarões e passar pela máquina de moer, reservando alguns inteiros para enfeitar.

Separar 1/4 do molho para cobrir o prato. Juntar os camarões moídos ao restante do molho, o leite e a maisena, levando ao fogo para obter um creme espesso. O recheio deve ficar pronto antes de assar os rocamboles, que devem ser recheados e enrolados ainda quentes. O recheio também deve ser morno para espalhar bem.

Aumentar o molho reservado (1/4) e ligar com a maisena. Cortar os camarões ao meio (no sentido do comprimento) e enfeitar o rocambole, que pode ser coberto com o molho e o parmesão ralado.

Quando usar camarões médios ou grandes, aproveitar as cabeças sem barbas e olhos. Temperar as cabeças com sal, alho e limão, cozinhá-las em dois copos de água durante 20 minutos, socar bem e coar em peneira bem fina. Fica excelente para aumentar o molho.

INGREDIENTES (4 porções)

250 gramas de talharim fresco
100 gramas de mexilhão cozido e descascado
100 gramas de camarão cozido e descascado
100 gramas de cogumelo fatiado
2 colheres de sopa de salsa picada
2 colheres de sopa de queijo parmesão ralado
1 1/2 copo de molho de aliche
sal a gosto.

INGREDIENTES DO MOLHO

4 tomates vermelhos sem pele e sem sementes
2 dentes de alho picados
1 cebola pequena picada
2 dentes de cravo
1 colher de café de sálvia
Uma pitada de páprica picante
2 grãos de pimenta-do-reino e 2 de mostarda moídos na hora
1/2 colher de chá de margarina
1/2 colher de azeite
1/2 envelope de adoçante
1 colher de sopa de aliche escorrido e esmagado (se preferir, pode substituir por anchova)

MODO DE FAZER

Cozinhar o talharim, *al dente*, em água fervente, com sal e gotas de óleo. Escorrer a massa e lavar rapidamente com água fervendo; resevar.

Para fazer o molho, refogar a cebola e o alho picados na margarina com o adoçante até ficarem transparentes; acrescentar o azeite e os tomates, tampar a panela e deixar em fogo brando. Quando os tomates estiverem macios, juntar o aliche e os demais condimentos; mexer com colher de pau e acrescentar 2 copos de água fervendo, incluindo a água do cozimento dos camarões, mexilhões e cogumelos. Provar de sal, ferver por uns 20 minutos, retirar os cravos e passar o molho pela peneira.

Na hora de servir, acrescentar os crustáceos ao molho e levar ao fogo. Quando começar a ferver, juntar o talharim e mexer com um garfo até aquecer a massa. Apagar o fogo, juntar a salsa e metade do queijo, misturar rapidamente, colocar numa travessa aquecida e polvilhar com o restante do queijo.

Fazer um creme verde, refogando o espinafre na margarina com alho, sal, cebola, manjericão e orégano. Juntar o leite e a maisena, bater no liquidificador e levar ao fogo para cozinhar o creme.

Arrumar em prato refratário, ligeiramente untado, metade da massa, metade do creme e metade da mozarela, polvilhar com metade do parmesão e repetir a operação.

Na hora de servir, levar ao forno médio para gratinar.

PRATO ESPECIAL
cada porção
220 calorias

Talharim Verde à Campanha

INGREDIENTES (4 porções)
200 gramas de talharim verde (massa crua)
2 molhos de espinagre cozido, batido e drenado
100 gramas de mozarela
200ml de leite (1 copo)
1 colher de sobremesa de maisena
1/2 cebola picada
2 dentes de alho socados
1 colher de chá de margarina
4 colheres de sopa de queijo parmesão ralado
1 colher de café de óleo
Orégano e manjericão
Sal a gosto

MODO DE FAZER
Cozinhar o talharim, *al dente*, em muita água fervente com sal grosso e óleo. Escorrer a massa, lavar em água filtrada rapidamente e reservar.

Caloria limitada — receitas de spa *é a certeza de que é possível comer de modo inteligente e com prazer.*

Regina Marcondes Ferraz

Eu tinha só cinco anos e, mesmo assim, quando me sentava à mesa e não via uma travessa de alface, eu me levantava e ia até a horta buscar. Tenho até uma foto bem bonitinha em que estou segurando um enorme regador e usando chapéu de palha, enquanto regava as folhas com meu irmão.

Alface é gostosa, é calmante e dizem que faz bem à vista. Não sei se é coincidência, mas meu pai e meu irmão são míopes, e eu não.

Adoro alface com tomate, cebola, azeite, vinagre e sal. Esta salada acompanha qualquer carne nas refeições que faço em casa. Nem arroz, nem farofa, nem nada. Só esta salada; há anos. Falta de criatividade? Preguiça? Não. Amor. As verduras e os legumes são alimentos indispensáveis para o equilíbrio da saúde. Mas, atenção! Quando crus, gastam mais calorias para serem dirigidos. Cozidos já não dão tanto trabalho ao organismo. Os verdes são aconselhados para os regimes e podem ser consumidos à vontade. Os amarelos e vermelhos são ricos em hidrato de carbono, portanto, devem ser limitados, mas nunca eliminados dos cardápios. Cenoura e abóbora são doces. Beterraba, um mel! Mas não se pode negar as necessidades de ingeri-las pelo valor nutritivo que têm.

Sobre as fibras, surgem a cada dia novas descobertas a respeito da excelência terapêutica na prevenção de várias doenças. Elas são responsáveis pela saúde do intestino, um órgão importante para a vida saudável. É aí que se processa o aproveitamento dos alimentos. Nós somos o que comemos, dizem os estudiosos naturalistas.

VEGETARIANOS

Berinjela à Parmegiana

Cozido de Lentilha

INGREDIENTES (4 porções)

800 gramas de berinjela cozida
6 colheres de sopa de cebola ralada
3 dentes de alho esmagados
1/2 colher de café de margarina
50 gramas de queijo parmesão ralado
400 gramas de mozarela ralada
1 copo de suco de tomate
Sal, adoçante e óregano a gosto

MODO DE FAZER

Cozinhar as berinjelas descascadas em pouca água com sal, escorrer e amassar bem.

Levar ao fogo a margarina com dois dentes de alho, a cebola, o sal e a berinjela; deixar em fogo brando até que a massa fique enxuta; apagar o fogo, juntar a metade do parmesão ralado e reservar.

Preparar um molho, levando o suco de tomate ao fogo com 1 dente de alho esmagado, adoçante e orégano. Juntar igual quantidade de água, provar de sal e deixar ferver.

Arrumar o prato, colocando: metade da berinjela, metade da mozarela ralada, metade do molho e metade do queijo parmesão ralado. Repetir a ordem, terminando com o parmesão. Levar ao forno na hora de servir.

INGREDIENTES (6 porções)

600 gramas de lentilha cozida
250 gramas de cebola em conserva (pequenas e inteiras)
300 gramas de abóbora madura (sem casca e sem sementes)
300 gramas de batata-doce inteira
1 dente de alho, louro e cerefólio
150 gramas de carne de ave defumada
75 gramas de pimentão verde
150 gramas de repolho inteiro
1/2 tablete de caldo concentrado de galinha
1 cebola pequena ralada
1 amarrado de cheiro-verde

MODO DE FAZER

Deixar as lentilhas de molho por, no mínimo, 2 horas.

Preparar os legumes, inclusive a batata-doce, que deve ser mantida inteira.

Desmanchar o caldo de galinha em 1/2 litro de água, desengordurar o caldo e esfriar.

Colocar as lentilhas na panela e levar ao fogo no caldo frio (que se completa com água); acrescentar 1/2 folha de louro, o cerefólio, as cebolas inteiras e a carne de ave.

Retirar as cebolas inteiras assim que estiverem cozidas, preparar um refogado com o alho e o resto da cebola ralada, juntar as lentilhas e deixar ferver, provando de sal.

Retirar as lentilhas com a escumadeira até um total de 600 gramas e reservar. Completar o caldo com água e um pouco de sal para cozinhar os legumes, arrumando-os pela ordem: batata-doce, repolho, pimentão e abóbora. Acrescentar um amarrado de cheiro-verde sobre os legumes.

vegetarianos

Apagar o fogo assim que os legumes estiverem cozidos, porém firmes.

Retirar os legumes com a escumadeira e passar todo o caldo pela peneira, que deve ser colocado sobre os legumes arrumados. Deve render, no mínimo, 1,5 litro de caldo grosso.

Frigideira Vegetariana Capixaba

PRATO ESPECIAL
cada porção
276 calorias

INGREDIENTES (6 porções)
1 quilo e 800 gramas de repolho
300 gramas de tomate sem pele e sem sementes
100 gramas de pimentão (vermelhos e verdes) picado
Coentro, salsa e cebolinha a gosto
1/2 xícara de camarão seco, torrado e moído
1 colher de café de gengibre ralado
Uma pitada de páprica
1/4 de tablete de caldo concentrado de galinha
1/2 vidro de leite de coco de baixo teor de gordura
12 ovos
1 cebola pequena

MODO DE FAZER
Passar as folhas de repolho cru na máquina de moer carne junto com a metade da cebola e reservar. Escorrer o excesso de água.

Cortar o resto da cebola, os tomates e os pimentões em cubinhos.

Picar todos os temperos verdes e reservar; separar o coentro.

Levar ao fogo os temperos picados com o azeite, o caldo de galinha, o coentro e a páprica. Refogar bem com a panela tampada sem deixar

desmanchar. Juntar o repolho moído e o leite de coco, abatar a panela e deixar cozinhando por 1 hora, sacudindo a panela sem mexer muito.

Escorrer o repolho, juntar os ovos batidos com uma pitada de sal, salsa de cebolinha. Misturar bem e colocar num refratário. Enfeitar com rodelas de cebola e levar ao forno por 15 minutos.

Massa Verde com Ricota

PRATO ESPECIAL
cada porção
300 calorias

INGREDIENTES (6 porções)
300 gramas de massa verde
360 gramas de espinafre cozido, amassado e drenado (4 molhos)
150 gramas de ricota
2 1/2 xícaras de leite desnatado
4 colheres de sopa de cebola ralada
1 colher de chá de margarina
2 dentes de alho
60 gramas de queijo parmesão ralado
Sal grosso
Orégano a gosto

MODO DE FAZER
Cozinhar o macarrão em muita água fervente com sal grosso e 1 colher de chá de óleo. Escorrer a massa, lavar em água fervente rapidamente e reservar.

Preparar um creme verde para a massa; refogar o espinafre com a margarina, o alho, o sal, a cebola e o orégano.

Juntar o leite e a ricota, bater no liquidificador e passar pela peneira.

Arrumar o prato com metade da porção de massa, metade da porção de creme, polvilhar com parmesão e repetir a operação.

PRATO ESPECIAL
cada porção
340 calorias

Panquecas de Espinafre e Mozarela

INGREDIENTES (4 porções)
1 ovo
1 gema
7 1/2 colheres de farinha de trigo
2 xícaras de leite desnatado

INGREDIENTES DO RECHEIO
400 gramas de espinafre cozido, drenado e batido (6 molhos)
1 colher de café de margarina
2 dentes de alho socados
1 colher de café de maisena para ligar
Sal, orégano e manjericão a gosto
180 gramas de mozarela picada
4 colheres de chá de queijo parmesão ralado

INGREDIENTES DO MOLHO
100 gramas de tomate maduro sem pele e sem sementes
1 dente de alho socado
1 colher de café de extrato de tomate
1/2 envelope de adoçante
1 colher de chá de molho de soja
1/2 colher de café de margarina
1 colher de chá de orégano
Sal a gosto

MODO DE FAZER
Desmanchar o ovo e a gema extra com uma faca até ficarem bem lisos; juntar a farinha de trigo aos poucos e misturar bem; acrescentar o leite pouco a pouco, formando uma mistura homogênea. A massa deve ficar fina para que as panquecas também fiquem finas (convém passar pela peneira para desmanchar os resíduos).

Fazer as panquecas todas iguais, em frigideira antiaderente de, aproximadamente, 18cm de diâmetro. Deve render 16 panquecas.

Para fazer o recheio, refogar o alho com um pouco da margarina, juntar o espinafre, temperar com sal, orégano e uma pitada farta de manjericão. Deixar no fogo, em panela tampada, por uns 15 minutos; destampar a panela, deixar reduzir a água e ligar com maisena diluída em uma colher de água. Deixar amornar para rechear as panquecas.

Dividir a mozarela em 4 porções de 45 gramas cada uma.

Colocar as panquecas sobre uma superfície plana, espalhar uma colher do recheio na parte central e, por cima, 1/4 da porção de mozarela. Enrolar as panquecas sem apertar e colocá-las no prato. Cobrir com o molho e o queijo ralado (4 panquecas por pessoa).

Para fazer o molho, colocar os tomates e o alho numa panela tampada, em fogo brando, juntando sal, margarina e adoçante; deixar até desmanchar. Passar por peneira fina; acrescentar água ao resíduo e peneirar outra vez. Voltar ao fogo, juntando o extrato de tomate, o molho de soja, o sal e o orégano.

vegetarianos

ENTRADA
cada porção
18 calorias

Salada-Base

Adoçante a gosto
Uma pitada de sal e outra de pimenta branca
1/2 colher de café de gergelim moído
(facultativo)

INGREDIENTES (6 porções)
6 a 8 folhas de alface
1/2 cebola pequena
1 pepino médio
2 pernas de aipo
2 ou 3 rabanetes
1 abobrinha escaldada
100 gramas de melão ou de abacaxi

MODO DE FAZER
Cortar as folhas de alface para guarnição ou deixá-las inteiras.
Cortar todos os legumes (abobrinha, pepino, aipo e rabanete) e a cebola em cubinhos, inclusive o abacaxi, ou cortá-los à juliana, no caso da salada de melão.
Misturar tudo, exceto a alface, que deve ser colocada em volta do prato, e regar com o molho desejado. Atenção: não usar as duas frutas na mesma salada.

MODO DE FAZER
Lascar a cenoura bem fina e reservar (pode ser com o cortador do ralo).
Escovar bem as abobrinhas e cortar em tiras bem finas (sem as sementes).
Colocar as cenouras e as abobrinhas em um recipiente, cobrir com água gelada e deixar por uns 20 minutos.
Drenar os vegetais numa peneira, pressionar ligeiramente e colocar na geladeira.
Misturar bem os ingredientes do molho, despejar sobre a salada e misturar por igual. Servir em seguida.

ENTRADA
cada porção
42 calorias

Salada de Beterraba com Cenoura

ENTRADA
cada porção
20 calorias

Salada de Abobrinha e Cenoura

INGREDIENTES (4 porções)
200 gramas de beterraba cozida
200 gramas de cenoura ralada

MODO DE FAZER
Cozinhar a beterraba e cortar em rodelas.
Ralar a cenoura sem casca em ralo grosso, espremer ligeiramente e arrumar junto com a beterraba.
Temperar com molho vinagrete.

INGREDIENTES (4 porções)
2 cenouras médias (250g)
2 abobrinhas médias (500g)

INGREDIENTES DO MOLHO
2 colheres de sopa de suco de laranja
1 colher de sopa de suco de limão

Salada Cesare

Salada Estilo Grego

INGREDIENTES (6 porções)

1 pé de alface americana
1/2 xícara de cafezinho de queijo parmesão ralado grosso
2 colheres de sopa de salsa bem picadinha
1/4 de vidro de anchovas em conserva

INGREDIENTES DO MOLHO

1 1/2 colher de sopa de vinagre
1/2 colher de sopa de azeite
1/2 colher de sopa de óleo
1 colher de chá de suco de limão
1/2 colher de chá de mostarda em pasta
1/2 colher de chá de molho inglês
1 colher de café de sal
1/2 dente de alho socado
1 colher de chá de fondor
1 envelope de adoçante
1 gema
1/2 pimenta-malagueta

MODO DE FAZER

Juntar todos os ingredientes do molho, com exceção da gema, e triturar bem o sal com o alho e a pimenta.

Colocar o alface rasgada numa saladeira e cobrir com a metade do parmesão e a salsa picada.

Desmanchar bem a gema e acrescentar o molho aos poucos, mexendo muito. Por fim, juntar as anchovas bem esfarinhadas e misturar.

Jogar 2/3 do molho sobre as alfaces e revirar com cuidado. Salpicar o resto do parmesão e do molho sobre cada prato.

INGREDIENTES (4 porções)

1 alface americana tamanho médio
2 tomates médios maduros e firmes
1 pepino pequeno (se possível, tipo conserva)
1 cebola roxa pequena
1/2 xícara de chá de queijo tipo cottage

INGREDIENTES DO MOLHO

1 colher de sopa de azeite
1 colher de sopa de suco de limão
1/2 colher de sopa de soja fresca picada
1/2 colher de café de orégano seco
1 colher de chá rasa de sal esmagado com alho
Gotas de adoçante
Gotas de vinagre branco
Uma pitada de pimenta moída na hora
6 azeitonas pretas picadas

MODO DE FAZER

Rasgar a alface em pedaços e cortar a cebola, os tomates e o pepino em pedaços regulares.

Misturar a alface, os tomates, os pepinos, a cebola e o queijo numa saladeira, cobrir e levar ao refrigerador.

Na hora de servir, misturar os ingredientes do molho (exceto as azeitonas), bater com um garfo e jogar sobre a salada, cobrindo os ingredientes por igual.

Salpicar as azeitonas picadas sobre a salada.

Salada de Repolho com Frutas

Salada Russa

INGREDIENTES (6 porções)
600 gramas de repolho
6 pernas de aipo
150ml de caldo de laranja
1/2 cebola pequena
2 colheres de sopa de maionese *diet*
1 colher de sopa de passa málaga (sem caroço e amarela)
1/2 maçã ácida
1/2 envelope de adoçante
1 colher de café de mostarda
Sal a gosto

MODO DE FAZER
Moer o repolho com o aipo e deixar de molho no suco de laranja por, no mínimo, 6 horas (pode ser de um dia para o outro).
Escorrer o excesso de caldo, juntar a maçã e a cebola raladas, a maionese, o adoçante e a mostarda, provar de sal e juntar as passas.
Servir enfeitada com rodelas bem fininhas de rabanete.

INGREDIENTES (6 porções)
1/2 lata de ervilha em conserva
240 gramas de vagem
240 gramas de cenoura
240 gramas de batata-inglesa
120 gramas de beterraba
120 gramas de pimentão
1 ovo cozido

MODO DE FAZER
Cortar todos os legumes em cubos e cozinhá-los separadamente (vagem, cenoura, batata e beterraba).
Com um garfo, misturar tudo levemente, acrescentando as ervilhas e o pimentão.
Temperar com molho vinagrete e cobrir com ovo cozido passado na peneira.

*Mãe, tudo o que tens
plantado, fecundado com a
tua energia, tem dado frutos e
devolvido a ti o amor com que
os gerou.*

Andréa Azevedo

Pena que o nosso clima não permita que tomemos sopa todos os dias. Uma sopinha bem-feita e quentinha é reconfortante demais!

Nada melhor para o regime que o primeiro prato de uma sopa gostosa. Sopa também pode engordar, mas só se você quiser. É fácil fazer uma sopa magra, com poucas calorias, principalmente quando se usam os caldos de carne ou galinha desengordurados. Gosto muito de sopa gelada. Algumas são feitas com esse objetivo, mas me lembro muito bem, quando eu chegava dos bailes de formatura, durante os anos dourados, louca de fome, e me entregava ao prazer de tomar a sopa que sobrava do jantar. Fria mesmo, ou melhor, gelada, pois quem tinha coragem de fazer fumaça de madrugada e com os pés triturados de tanto dançar?

SOPAS

Sopa-Base

Sopa de Aipo

INGREDIENTES (14 porções)
1 quilo de abobrinha italiana com casca e sementes miúdas
1 pepino médio
2 cebolas pequenas
1/2 repolho pequeno (só folhas brancas)
1 amarrado de cheiro-verde
4 litros de caldo de galinha desengordurado (6 tabletes)

MODO DE FAZER
Ferver 1 litro de água com os 6 tabletes de caldo de galinha. Deixar gelar e coar no pano; acrescentar mais 3 litros de água.
Colocar na panela todos os ingredientes cortados, o caldo desengordurado e o cheiro-verde.
Depois de cozidos, bater no liquidificador e passar pela peneira.
Dividir em 14 porções e usar para preparar outras sopas.
Se desejar, usar uma porção ao natural como sopa de abobrinha.

INGREDIENTES (1 porção)
1 porção de sopa-base
2 pernas de aipo
2 copos de água

MODO DE FAZER
Retirar toda a fibra da parte branca do aipo, levar ao fogo as folhas e pontas do aipo e deixar ferver durante 5 minutos. Em seguida, coar a água e misturá-la à porção de sopa-base.
Juntar os pedaços de aipo e levar ao fogo até cozinhar. Provar de sal e servir bem quente.

Sopa de Agrião

INGREDIENTES (1 porção)
1 porção de sopa-base
1/2 molho pequeno de agrião
1 xícara de água

MODO DE FAZER
Lavar bem e secar o agrião. Picar todo ele, inclusive os talos, e reservar.
Ferver a sopa-base junto com uma xícara de água. Acrescentar o agrião, deixar ferver por mais 3 minutos e servir bem quente.

Sopa de Aspargos

INGREDIENTES (1 porção)

1 porção de sopa-base
50 gramas de aspargo em conserva
3 colheres de sopa de água da conserva do aspargo
1/2 colher de chá de margarina ou manteiga

MODO DE FAZER

Mistura 2 colheres de sopa da água da conserva na sopa-base e ferver.

Aquecer o aspargo com mais 1 colher de sopa da água da conserva.

Num prato quente, colocar os aspargos aquecidos, acrescentar a margarina ou a manteiga e cobrir com a sopa fervendo. Servir em seguida.

Caldo Verde

INGREDIENTES (1 porção)

1 porção de sopa-base
2 azeitonas verdes
1 colher de sopa da água de conserva das azeitonas
1 xícara de água
3 folhas de couve-manteiga
1/2 colher de café de azeite de oliva

MODO DE FAZER

Levar ao fogo uma porção de sopa-base junto com uma xícara de água, as azeitonas verdes e a água da conserva. Ferver bem para reduzir a água. Em seguida, retirar as azeitonas e abandonar.

Lavar e secar as folhas de couve. Sem os talos grossos, cortar à mineira bem fininhas.

Quando a sopa estiver fervendo, acrescentar o azeite de oliva, a couve e mexer com o garfo para soltá-la. Ferver mais 3 minutos e servir.

Sopa de Cebola

INGREDIENTES (1 porção)

1 porção de sopa-base
30 gramas de cebola branca
1 colher de café de margarina
Uma pitada de adoçante

MODO DE FAZER

Refogar a cebola cortada em rodelas finas com a margarina e o adoçante. Não deixar corar.

Quando a cebola estiver transparente, acrescentar a sopa-base já aquecida. Deixar ferver e servir.

Se desejar, colocar a sopa sobre uma torrada de glúten e contar mais 15 calorias.

Sopa de Couve-Flor

INGREDIENTES (1 porção)

1 porção de sopa-base
50 gramas de couve-flor
1 copo de água
Uma pitada de sal

MODO DE FAZER

Separar os raminhos de flores de couve-flor e reservar.
Ferver os talos com o copo de água e o sal. Quando estiverem bem cozidos, passar por uma peneira fina e incorporar à sopa-base.
Levar tudo ao fogo. Depois de fervida, acrescentar os raminhos reservados e deixar até cozinhar as flores, sem desmanchar. Servir bem quente.

Sopa de Entulho

INGREDIENTES (1 porção)

1 porção de sopa-base
1 colher de sopa de aipo
1 colher de sopa de chuchu
1 colher de sopa de nabo
1 colher de sopa de cenoura
1 folha de repolho sem o talo
1 colher de sopa de cheiro-verde (salsa e cebolinha)
1 copo de água.

MODO DE FAZER

Picar todos os ingredientes (aipo, chuchu, nabo, cenoura e cheiro-verde) e reservar.
Cortar a folha de repolho à mineira bem fina e reservar.
Acrescentar o copo de água à sopa-base, juntar todos os legumes picados e cozinhar *al dente*. Provar de sal, acrescentar o repolho, o cheiro-verde e deixar ferver por mais 5 minutos. Servir bem quente.

Sopa de Peixe

INGREDIENTES (6 porções)

1/2 cabeça de cherne ou badejo
800 gramas de peixe já limpo
1 alho-poró
300 gramas de cenoura descascada
300 gramas de nabo
300 gramas de tomate maduro
300 gramas de cebola
1 molho de coentro
Salsa e cebolinha a gosto
1/2 folha de louro
1 colher de chá bem cheia de azeite
1 xícara de caldo de galinha desengordurado
Páprica
Sal a gosto
Caldo de 2 limões
2 dentes de alho
1 colher de sobremesa de maisena
1 envelope de adoçante

MODO DE FAZER

Lavar a cabeça do peixe com água e limão. Temperá-la com sal, alho e caldo de limão a gosto.

Cortar a cenoura e o branco do alho-poró em rodelas. Cortar o nabo em metades ou quartos de rodelas; escaldar e reservar.

Levar ao fogo as cebolas, os tomates, a metade do azeite, a páprica e o adoçante; refogar bem. Colocar o peixe na panela, abafar e manter em fogo brando até cozinhar. Quando o peixe estiver cozido, porém firme, retirar, limpar as espinhas e reservar.

Em outra panela, colocar a cabeça de peixe, os temperos verdes e o louro, cobrindo com o caldo de frango desengordurado e o molho de cozimento do peixe. Deixar ferver por aproximadamente 40 minutos.

Retirar os temperos verdes (exceto o coentro), o louro, a pele, as espinhas e os ossos da cabeça, deixando toda a carne, com cuidado para não passar espinhas e escamas.

Bater no liquidificador, acrescentar água até completar 1 litro e levar ao fogo; juntar os legumes e ferver por 20 minutos.

Ligar com maisena; apagar o fogo e juntar o resto do azeite e os pedaços de peixe reservados.

1 colher de café rasa de queijo parmesão ralado
1 colher de chá rasa de salsa picada

MODO DE FAZER

Colocar os tomates cortados na panela. Juntar o adoçante, tampar a panela e conservar no fogo até os tomates se desmancharem. Passar pela peneira e reservar.

Refogar as cebolas com metade da margarina e uma pitada de sal. Juntar o alho esmagado, a abobrinha e a água. Quando estiver tudo bem cozido, juntar a manjerona, o leite em pó, a maisena e bater no liquidificador até ficar bem desmanchado.

Misturar com o tomate, peneirar tudo junto, completar 1 litro, provar de sal e levar ao fogo, mexendo sempre até ferver. Apagar o fogo e juntar o resto da margarina.

Depois de servida (no prato), salpicar com queijo parmesão e, bem no centro, colocar um montinho mínimo de salsa picada.

Sopa de Tomate

Bortsch Gelada

INGREDIENTES (4 porções)
400 gramas de tomate maduro
2 colheres de sopa de leite em pó desnatado
2 colheres de sopa de maisena
1/2 abobrinha branca sem casca e sem sementes
2 dentes de alho
1 colher de chá de margarina
Sal, manjerona e orégano a gosto
1 envelope de adoçante

INGREDIENTES (6 porções)
1 litro de caldo de carne desengordurado
400 gramas de beterraba descascada e picada
250 gramas de repolho
200 gramas de cebola
1/2 caixa pequena de suco de tomate
2 cabeças de alho-poró (de preferência o branco)
1 colher de sopa de pepininhos em conserva
Uma pitada de erva-doce
Uma pitada de cominho

1/2 folha de louro
1/2 envelope de adoçante
Pimenta em grão ou páprica

MODO DE FAZER

Cortar a metade do repolho, sem os talos, bem fininho e reservar.

Cozinhar todos os ingredientes e a outra metade do repolho no caldo de carne. Deixar cozinhar por 2 ou 3 horas. Bater no liquidificador e passar pela peneira.

Levar ao fogo novamente, provar de sal, juntar o restante do repolho cortado e ferver até cozinhar. Não deve ficar muito grossa. Manter no refrigerador. Na hora de servir, juntar 1/2 colher de iogurte a cada porção.

ENTRADA
cada porção
74 calorias

Gaspacho Andaluz

INGREDIENTES (6 porções)

2 tomates médios, maduros e firmes sem as sementes
1 pimentão médio, bem verde, cortado em cubos
1 pepino médio, sem as sementes, cortado em fatias grossas
2 colheres de sopa rasas de extrato de tomate
1/2 xícara de miolo de pão
1/2 colher de café de cominho
1 dente de alho esmagado
2 colheres de sopa de maionese *diet*
2 colheres de sopa de vinagre de vinho (tinto de preferência)
3 copos de caldo de frango desengordurado
1 colher de chá de sal
Uma pitada de pimenta-do-reino moída na hora ou 1/2 colher de café de páprica

INGREDIENTES DA GUARNIÇÃO

1 pimentão pequeno cortado em cubinhos iguais
1 tomate médio, sem pele e sem sementes, cortado em rodelas finas
1 pepino pequeno cortado em cubinhos
1 cebola pequena cortada em cubinhos
1/2 xícara de *crotons* (2 fatias de pão de fôrma cortadas em cubos e torradas)

MODO DE FAZER

Colocar os tomates cortados no liquidificador e bater rapidamente na velocidade mais alta; acrescentar o pimentão e o pepino aos poucos, sempre batendo; por fim, juntar o extrato de tomate e o miolo de pão, batendo até a mistura ficar homogênea. Colocar no refrigerador.

Misturar o cominho e o alho bem triturado numa vasilha, acrescentar a maionese e o vinagre. Combinar esta mistura com o caldo desengordurado e a pasta dos legumes que está no refrigerador.

Passar tudo pela peneira, aproveitando todo o suco. Temperar a sopa com sal e pimenta e manter no refrigerador por 2 ou 3 horas.

Acompanhar com a guarnição servida em pratinhos individuais.

Para fazer a guarnição, misturar os legumes em cubos e colocar no prato, juntamente com as fatias de tomates, a cebola e os *crotons*.

Vichyssoise

INGREDIENTES (4 porções)
1 litro de caldo de galinha desengordurado
3 alhos-poró (só o branco)
50 gramas de aipo picado (só o branco)
150 gramas de batata-inglesa cortada em palitos
1 colher de farinha de trigo
1 colher de chá de manteiga
100 gramas de cebola picada
50 gramas de creme de leite
Sal e pimenta branca ou páprica a gosto
1 envelope de adoçante
1 molho de cebolinha

MODO DE FAZER
Levar ao fogo a manteiga, a cebola picada e o adoçante; borrifar com farinha de trigo e mexer sempre, até dourar. Acrescentar o alho-poró, o aipo, a batata e o caldo de galinha.
Manter em fogo brando até a batata cozinhar. Bater no liquidificador e passar pela peneira; voltar ao fogo, temperar com sal e pimenta. Apagar assim que ferver.
Deixar esfriar e acrescentar o creme de leite, batendo com um batedor. Manter no refrigerador até a hora de servir em taças de consomê. Antes, porém, colocar nas taças os talos brancos da cebolinha cortados em pedaços bem pequenos.

Ligia Azevedo, sinônimo de
saúde. Tanto uma quanto a
outra são fundamentais.

Zózimo

Zózimo

Com um pouco de criatividade, é fácil pensar que os alhos são bugalhos. Um dia botei a cabeça para funcionar e descobri na ricota a minha eterna companheira. Ricota serve para tudo, ou quase tudo.

Torta doce, torta salgada, musses, pastinhas. Ricota engrossa molho para peixe, molho rosê para salada e até strogonoff.

É, portanto, a ricota que me ajuda a fazer musses ou pastas sem creme de leite e com calorias limitadas. Estas musses ou pastas são a salvação do fim de semana, seja no barco ou na serra. É exatamente nesses momentos de lazer que enfrentamos o maior perigo. Os canapês são a maior tragédia para quem faz dieta. Assim, com a ajuda da ricota, é possível consumir musses ou pastas servidas com verduras, pepino, cenoura e, de vez em quando, com torrada de glúten, sem ter de brigar com a balança no dia seguinte.

MUSSES E PASTAS

APERITIVO
cada porção
130 calorias

Musse de Aipo

INGREDIENTES (6 porções)
250 gramas de ricota
1 copo de leite desnatado
1 pacote de gelatina *diet* de limão
1/2 xícara de aipo picado
6 colheres de sopa de maionese *diet*
1/2 dente de alho esmagado
1 colher de sopa de vinagre
1 colher de sopa de mostarda
1/2 xícara de picles picado

MODO DE FAZER
Dissolver a gelatina de limão em 1 xícara de água fervendo e levar rapidamente ao fogo para diluir toda a gelatina.

Bater tudo junto no liquidificador, exceto os temperos. Quando estiver bem ligado, juntar o alho, o vinagre e a mostarda; continuar batendo.

Virar o creme numa tigela e bater com a batedeira. Acrescentar o picles picadinho, distribuir o creme por 6 taças e manter na geladeira até a hora de servir, guarnecida com uma salada leve.

APERITIVO
cada porção
113 calorias

Musse de Atum

INGREDIENTES (6 porções)
1 lata de atum sólido escorrido e amassado
250 gramas de ricota
2 1/2 colheres de sopa de maionese *diet*
1 colher de chá de vinagre
1 colher de chá de molho inglês
1/2 dente de alho
1 colher de sobremesa de mostarda
1 envelope de adoçante
1/2 colher de café de sal
1 xícara de água com 2 colheres de sopa cheias de leite em pó desnatado
1 pacote de gelatina sem sabor dissolvido em 1 xícara de água
1 colher de sopa de picles picado

MODO DE FAZER
Colocar a gelatina na água fria, deixar desmanchar e levar ao fogo para derreter. Não deixar ferver e mexer com uma colher de metal.

Bater os ingredientes, sem os temperos, no liquidificador até ligar, acrescentar os temperos e bater mais um pouco.

Tirar toda a massa do liquidificador, provar de sal, juntar o picles picado e misturar por igual.

Distribuir por 6 forminhas (de alumínio ou plástico) molhadas e levar ao congelador até 5 minutos antes de servir.

APERITIVO
cada porção
120 calorias

Musse de Frango Defumado

APERITIVO
cada porção
163 calorias

Musse de Gorgonzola

INGREDIENTES (6 porções)

250 gramas de ricota
180 gramas de peito de frango defumado
2 colheres de leite em pó desnatado dissolvido em 1 xícara de água
1 envelope de gelatina dissolvido em 1 xícara de água
2 1/2 colheres de sopa de maionese *diet*
1/2 dente de alho
1 colher de chá de mostarda
1 colher de chá de vinagre
1 colher de sobremesa de molho inglês
1 colher de sopa de caldo de frango
1 molho pequeno de salsa

MODO DE FAZER

Cortar metade da carne de frango em cubinhos e separar.
Deixar a gelatina de molho na água fria e levar ao fogo para derreter, sem ferver.
Colocar todos os ingredientes — exceto a salsa e o frango em cubinhos — no liquidificador e bater bem.
Retirar do liquidificador, provar de sal e temperos, acrescentar o frango em cubinhos e a salsa bem picadinha. Misturar com cuidado.
Distribuir a musse por 6 forminhas molhadas (alumínio ou plástico) e levar ao refrigerador até 5 minutos antes de servir.

INGREDIENTES (6 porções)

250 gramas de ricota
1 envelope de gelatina sem sabor dissolvido em 5 colheres de sopa de água
1 xícara de água com 2 1/2 colheres de sopa de leite em pó desnatado
2 1/2 colheres de sopa de maionese *diet*
1/2 dente de alho
1 colher de chá de mostarda
1 colher de café de molho inglês
1 colher de café de vinagre
1 envelope de adoçante
Uma pitada de sal
1/2 tablete de queijo gorgonzola desmanchado

MODO DE FAZER

Deixar a gelatina de molho na água fria e levar ao fogo para derreter, sem ferver.
Bater a ricota, o gorgonzola, a gelatina e o leite no liquidificador até ligar. Juntar a maionese e os temperos e tornar a bater. Se desejar, acrescentar uma pequena porção de manjericão, estragão ou orégano a gosto, ou então uma combinação de ervas.
Colocar a musse em 6 forminhas molhadas (alumínio ou plástico) e levar ao refrigerador.
Retirar do refrigerador 5 minutos antes de servir como tira-gosto em torradinhas ou complementando uma salada.

Pasta de Berinjela

Pasta de Cenoura

INGREDIENTES (6 porções)

800 gramas de berinjela
1 pimentão verde
1 pimentão vermelho
2 tomates grandes sem pele e sem sementes
1/2 molho de salsa e cebolinha
1 cebola grande picada
2 dentes de alho
1 1/2 colher de sopa de maionese *diet*
Uma pitada de páprica picante
1 colher de chá de molho inglês
1 colher de café de molho de soja
1 colher de café de mostarda
1 colher de chá de sal
1 colher de sopa de picles picado

MODO DE FAZER

Cortar a berinjela com casca em pedaços pequenos e misturar com sal; juntar a cebola em pedaços, os dentes de alho, tomates e pimentões picados; misturar bem.

Levar ao forno em tabuleiro untado com azeite e coberto com papel laminado até que as berinjelas fiquem macias.

Na falta de processador, passar na máquina de moer carne (peça mais fina) e reservar.

Picar, separadamente, o picles, a salsa e a cebolinha.

Misturar a massa de berinjela com maionese, picles, molhos, páprica e mostarda, provar de sal e, por fim, acrescentar a salsa e a cebolinha.

INGREDIENTES (6 porções)

700 gramas de cenoura descascada
1 cebola grande limpa
2 colheres de chá de margarina
2 dentes de alho
1 colher de chá de maisena
1 colher de chá de sal
10 azeitonas verdes
1 1/2 colher de sopa de maionese *diet*
1/2 colher de café de mostarda
1/2 colher de sopa de orégano
1/2 colher de sopa de manjericão
1/2 colher de sopa de sálvia
1/2 envelope de adoçante

MODO DE FAZER

Raspar as cenouras e ralar. Colocar na panela com a metade do sal, as ervas aromáticas e todo caldo que soltar das cenouras.

Abafar em fogo brando até cozinhar as cenouras, verificando para não pegar e, se preciso, pingar água.

Refogar as cebolas picadas em metade da margarina, o resto de sal e o adoçante até ficarem transparentes, sem corar.

Misturar a cenoura, a cebola e a maisena; bater no liquidificador até formar um creme.

Levar ao fogo, sempre mexendo, até ficar bem espesso, soltando da panela; se necessário, acrescentar mais uma ou duas colheres de chá de maisena, diluída em 1 ou 2 colheres de água; acrescentar o resto da margarina e apagar o fogo.

Depois de frio, temperar com a maionese e a mostarda, provar de sal e juntar a azeitona verde picada.

Pasta de Vagem

Patê de Fígado de Frango

INGREDIENTES (6 porções)
800 gramas de vagem manteiga limpa
1 colher de sopa de sal grosso
1/2 colher de café de bicarbonato
2 ovos
1/2 xícara de cafezinho de vinagre
1/2 xícara de cafezinho de água de cozimento da vagem
1/2 cebola pequena ralada
4 dentes de alho esmagados
1 colher de sobremesa de azeite de oliva
1 envelope de adoçante
2 colheres de sopa de salsa batidinha
1 colher de chá de mostarda
1/2 colher de café de páprica picante

MODO DE FAZER
Cozinhar a vagem com sal grosso e bicarbonato em água fervendo.

Quando estiver macia, guardar a porção da água do cozimento, escorrer bem a vagem, cobrir com água gelada e, em seguida, escorrer de novo. Bater a vagem no liquidificador, passar pela peneira e levar ao fogo para reduzir a água até aparecer o fundo da panela.

Colocar num recipiente a água do cozimento da vagem, o vinagre, os ovos e desmanchar com batedeira manual. Juntar ao purê de vagem, acrescentar a cebola ralada, o alho esmagado, a páprica picante e o adoçante. Em seguida, levar ao fogo.

Deixar cozinhar, mexendo sempre, até aparecer o fundo da panela. Apagar o fogo, acrescentar azeite e salsa picada. Servir fria.

INGREDIENTES (20 porções)
500 gramas de fígado de frango
50 gramas de manteiga ou margarina
100 gramas de cebola picada
1/2 litro de caldo concentrado de frango
1/2 folha de louro
1 colher de café de molho inglês
1 colher de café de molho de soja
Pimenta-do-reino, noz-moscada e orégano a gosto
Gotas de conhaque (opcional)

MODO DE FAZER
Cozinhar o fígado e a cebola no caldo de frango com a folha de louro.

Quando o fígado estiver bem cozido, tirar o louro e passar na peneira fina, aproveitando todo o caldo do cozimento.

Juntar a margarina, os condimentos secos e bater bem; por fim, misturar os molhos de soja e inglês e, se desejar, as gotas de conhaque. Servir gelado.

Caloria limitada — receitas
de spa *é o coroamento de uma
rica convivência de troca e
experiências entre a jovem
Ligia e esta admiradora e
amiga.*

Inéa Fonseca

É nos molhos que está o segredo para a diversificação dos grelhados e das saladas. Um molho gostoso pode ser o carro-chefe de um cardápio. O molho é a alma do negócio.

Durante a dieta é possível usar e até abusar dos molhos. Mas cuidado com os temperos picantes, como a pimenta-do-reino, por exemplo. Um veneno para a saúde.

Coloque no molho todo o seu amor pela cozinha e por quem vai dividi-lo com você. Um molho bem-feito pode ser uma declaração de amor e, quem sabe, um incentivo a um pedido de casamento. Mas, na hora da solidão, ter um molho *diet* na geladeira pode ser a sua salvação.

MOLHOS

Molho-Base para Saladas

INGREDIENTES
1 xícara de chá de vinagre de vinho ou de maçã
3 xícaras de água
Alho esmagado, sal, pimenta ou páprica a gosto
1 colher de café de açúcar branco ou, em caso de maior rigor, usar adoçante

MODO DE FAZER
Misturar todos os ingredientes, bater bem e guardar na geladeira em vidros esterilizados, hermeticamente fechados.
Esta base, especial para regimes de baixa caloria, pode ser usada ao natural ou combinada, de modo a produzir diferentes e deliciosos molhos. Na realidade, a base é nula de calorias.
Os molhos dela derivados contam, em geral, 2 ou 3 calorias por colher de sopa bem cheia.

Molho de Aipo

INGREDIENTES
6 pernas de aipo
1 porção de molho-base
1 colher de chá de caldo de limão

MODO DE FAZER
Limpar o aipo de fibras e ralar ou triturar em picador.
Acrescentar o caldo de limão ao molho-base, juntar o aipo triturado e provar de tempero.

Molho de Beterraba com Gengibre

INGREDIENTES
1 iogurte desnatado
1 colher de sopa de maionese *diet*
1 colher de café de mostarda
1 colher de café de molho inglês
1 colher de café de vinagre
1/2 colher de café de sal
1 colher de café de gengibre ralado
1 colher de café de gelatina sem sabor
3 colheres de sopa de suco de beterraba
1 envelope de adoçante

MODO DE FAZER
Ralar 1 beterraba média, espremer bem e reservar o suco.
Colocar a gelatina na panela com 2 colheres de sopa de água e levar ao fogo brando para dissolver.
Ralar o gengibre.
Colocar todos os ingredientes no liquidificador, bater bem e passar na peneira. Se ficar muito espesso, afinar com 1 ou 2 colheres de água filtrada.
Provar de tempero e acrescentar sal ou mais condimentos a gosto.
Este molho, usado à vontade, acrescenta, no máximo, 5 calorias à salada.

Molho de Cebola

INGREDIENTES
1/2 porção de molho-base
1 cebola média cortada em fatias bem finas
1 colher de café de azeite de oliva

MODO DE FAZER
Deixar a cebola cortada marinar em água, açúcar e sal por 1 ou 2 horas.

Escorrer bem e misturar com o molho-base e o azeite de oliva. Provar de sal.

Molho Cremoso de Ervas Finas

INGREDIENTES
2 colheres de sopa cheias de ricota esmagada
1/2 copo de iogurte desnatado
1 colher de café de sálvia
1 dente de alho esmagado
1 copo de caldo de galinha desengordurado
1/2 molho de salsa picadinha

MODO DE FAZER
Lavar a salsa fresquinha e secar bem antes de picar bem fina.
Levar todos os ingredientes, menos a salsa, ao liquidificador e bater até obter um molho homogêneo.
Retirar do liquidificador, juntar a salsa picadinha e misturar bem.
Este molho é ideal para ser servido com *carpaccio*.
Cada colher de sopa cheia corresponde a 3 calorias.

Molho de Hortelã com Cenoura

INGREDIENTES
1 xícara de suco de cenoura
1 colher de sopa de folhas de hortelã picadas
1/2 porção de molho-base

MODO DE FAZER
Ralar 1 cenoura grande e retirar o caldo, espremendo no pano. Reservar 1 xícara.

Misturar a hortelã fresca picadinha com o suco de cenoura.
Juntar o molho-base e provar de sal.

Molho de Maçã

INGREDIENTES
1 maçã média
1 colher de sopa de caldo de limão
1/2 porção de molho-base

MODO DE FAZER
Ralar a maçã com ou sem casca, cobrir com o caldo de limão e misturar rapidamente.
Acrescentar o molho-base e provar de tempero.

Molho de Tempero Verde

INGREDIENTES
1/2 porção de molho-base
1 colher de sopa de salsa picada
1/2 colher de sopa de cebolinha picada
1/2 colher de sopa de coentro picado

MODO DE FAZER
Misturar os ingredientes, provar de tempero e, se necessário, acrescentar sal.

Molho Vinagrete

1 xícara de café de vinagre
2 xícaras de café de água
1 colher de sopa de cebola picada
1 colher de sopa de tomate picadinho
1 colher de sopa de pimentão
Sal a gosto
Uma pitada de adoçante

Caloria limitada — receitas de spa, *um livro para você saborear sem perder a forma, só podia ter sido feito por quem entende do assunto.*

Eu deveria seguir melhor os conselhos da Ligia. Tenho certeza que, se assim fizesse, estaria muito mais em forma! Mas eu chego lá!

Ricardo Amaral

Eu sempre digo que não sou fã de doces. Tudo mentira. Quando me defronto com um deles, é difícil resistir. E o resultado na balança de um almoço finalizado com sobremesa é catastrófico. Para fazer doce que não engorda é preciso ser mágico ou, então, se chamar Inéa. Inéa Fonseca, nossa querida consultora. Fazer doce de casca de melancia, só mesmo uma *expert* na cozinha e... em economia.

Ambrosia e doce de leite, com reduzido teor calórico, só mesmo aprendendo com a maga da cozinha *light*.

E por que não uma receita mágica?

Bata claras em neve e acrescente adoçante em pó. Bata bem até obter uma boa consistência.

Faça pequenas bolinhas, leve ao forno por alguns minutos e você terá suspiros deliciosos com teor de calorias quase zero. Mas o importante é você acreditar que está saboreando um suspiro de verdade.

DOCES E FRUTAS

SOBREMESA
cada porção
78 calorias

Ambrosia

INGREDIENTES (6 porções)
1/2 litro de leite desnatado
4 gemas e 2 claras
Casca de limão ou 1/2 fava de baunilha
4 envelopes de adoçante

MODO DE FAZER
Adoçar o leite, juntar a casca de limão ou a fava de baunilha e levar ao fogo para ferver.

Bater as claras em neve e juntar as gemas uma a uma, sempre batendo; despejar esta mistura sobre o leite fervendo e deixar em fogo brando, sem mexer, até os ovos cozinharem.

Em seguida, misturar o doce com colher de pau e manter em fogo brando, sempre mexendo, até que o leite seque e o doce fique bem cozido, como farofa.

SOBREMESA
cada porção
72 calorias

Bananada

INGREDIENTES (6 porções)
1/2 quilo de banana-prata bem madura (sem as cascas)
1 colher de sopa de stévia
2 colheres de sopa de frutose
1 colher de café de aspartame
1 pedacinho de canela em pau
2 dentes de cravo
2 colher de sopa de caldo de limão

MODO DE FAZER
Limpar as bananas e bater no liquidificador.

Preparar uma calda com a stévia e a frutose em 1 copo de água. Juntar a massa da banana com o caldo de limão.

Levar a panela ao fogo para cozinhar o doce com o cravo e a canela, mantendo a panela tampada. Pingar água fria sempre que for necessário, tendo cuidado para o doce não pegar no fundo.

Quando o doce começar a escurecer, acrescentar o aspartame e manter em fogo brando, mexendo sempre, até soltar da panela.

SOBREMESA
cada porção
75 calorias

Doce de Abacaxi

INGREDIENTES (6 porções)
1 abacaxi pequeno
8 envelopes de adoçante
2 colheres de sopa de frutose
1 colher de chá de aspartame

MODO DE FAZER
Descascar o abacaxi, cortar em rodelas, tirar o miolo e espremer em dois pires.

Picar as rodelas espremidas em 2, 4 ou 8 pedaços e cozinhar com 1 xícara de água e o adoçante.

Depois de cozidos, escorrer os pedaços e reservar. Em seguida, fazer uma calda com a frutose e a água do cozimento reservada, completando, se preciso, até obter 1 copo.

Juntar à calda os pedaços de abacaxi e o aspartame; levar ao fogo brando até dar ponto.

SOBREMESA
cada porção
52 calorias

Morangos em Calda

INGREDIENTES (10 porções)
1 caixa de morangos (aproximadamente 800 gramas)
2 colheres de sopa de frutose
1 colher de sopa de stévia
1 colher de chá de aspartame
1 copo de água

MODO DE FAZER
Fazer uma calda com a água e os adoçantes.
Colocar os morangos escolhidos e limpos sobre a calda; assim que ferver, retirar os morangos e deixá-los escorrer sobre a calda.
Levar a calda ao fogo para apurar o ponto.
Quando a calda estiver grossa, voltar os morangos à panela e deixar ferver por uns 15 ou 20 minutos.

SOBREMESA
cada porção
90 calorias

Ovos Nevados

INGREDIENTES (4 porções)
1/2 litro de leite desnatado
6 envelopes de adoçante
2 gemas
4 claras
Casquinhas de limão ou baunilha

MODO DE FAZER
Bater as claras em neve bem firmes com 2 envelopes de adoçante.
Ferver o leite com 2 envelopes de adoçante e a casquinha de limão.

Fazer bolas de clara batida, cozinhar no leite fervendo e ir colocando as bolas num prato. Depois, passar o leite escorrido para a panela.
Bater as gemas com umas gotas de água até dobrar o volume. Juntar 2 envelopes de adoçante e continuar batendo; acrescentar aos poucos o leite fervendo e voltar à panela, sempre mexendo em fogo baixo. Não deixar ferver. Quando o creme estiver encorpado, jogá-lo quente sobre as claras. Servir gelado.

SOBREMESA
cada porção
107 calorias

Peras Belle Hélène

INGREDIENTES (4 porções)
4 peras portuguesas bem rijas (aproximadamente 550 gramas)
1 colher de sopa de caldo de limão
6 envelopes de adoçante
1 pedacinho de canela em pau
5 colheres de sopa de frutose
2 1/2 colheres de sopa de chocolate *diet*
1 colher de café de xarope de lecitina de soja
2 colheres de chá de vinho tipo moscatel
1 colher de sopa de essência de baunilha
1 colher de chá de maisena
1 pitadinha de chá

MODO DE FAZER
Partir as peras ao meio (pode manter o cabo), descascar com cuidado, cobrir com água filtrada e caldo de limão; reservar.
Colocar em panela média o adoçante com 2 xícaras de água e, assim que formar calda fina, juntar o pedacinho de canela em pau e as metades de pêra (que não podem ficar superpostas). Manter a panela tampada em fogo brando até que

as peras estejam cozidas, porém firmes. Deixar esfriar e guardar no refrigerador.

Para preparar a cobertura, fazer uma calda com a frutose e 2 xícaras de água.

Misturar numa vasilha o chocolate, a lecitina e o vinho e ir desmanchando com a calda quente; coar a mistura para a panela de calda e mexer em fogo brando para ligar. Deixar amornar.

Desmanchar a maisena com duas colheres de sopa de água, misturar ao molho, acrescentar a essência de baunilha, a pitada de sal e levar ao fogo para engrossar, sempre mexendo com colher de pau.

Servir 2 metades de pêra por pessoa, cobertas com o molho de chocolate.

SOBREMESA
cada porção
120 calorias

Rocambole de Chocolate

INGREDIENTES (8 porções)
4 ovos
6 envelopes de adoçante (ou 3 colheres de café de stévia e 3 de aspartame)
1 colher de sopa de farinha de glúten
2 colheres de sopa de farinha de trigo
1 colher de sopa de chocolate *diet* (ou cacau sem açúcar desengordurado)
1/2 colher de café de fermento em pó
1 colher de café de canela em pó
Uma pitada de sal

INGREDIENTES DO RECHEIO
1 colher de sopa de stévia e 1 de aspartame
2 colheres de sopa de frutose
4 colheres de sopa rasas de chocolate *diet*
4 colheres de sopa cheias de leite em pó desnatado

Essência de baunilha e de vanila a gosto
1 colher de sopa de doce de leite *diet*
1 copo de leite desnatado

MODO DE FAZER
Preparar o recheio e manter morno.

Peneirar as farinhas, o chocolate, o fermento, o sal e a canela juntos; reservar.

Passar as gemas pela paneira, acrescentar 2 envelopes de adoçante e 1 colher de sopa de água, batendo até duplicar o volume.

Bater as claras em neve firme com 4 envelopes de adoçante, juntar as gemas batidas e continuar batendo até homogeneizar.

Juntar os ingredientes peneirados, tendo o cuidado de misturar bem, sem bater, até que esteja tudo homogêneo.

Despejar em tabuleiro médio (22cm x 34cm) untado com margarina e polvilhado com farinha de trigo e levar ao forno moderado (200°) por aproximadamente 20 minutos.

Assim que assar, virar sobre um guardanapo torrado com papel toalha, cobrir rapidamente com o recheio morno e enrolar com o auxílio do guardanapo. Deixar uns minutos, desembrulhar e colocar na travessa.

Para preparar o recheio de chocolate, fazer uma calda com os adoçantes e um copo de água.

Colocar numa vasilha o chocolate e o leite em pó e cobrir com a calda quente, mexendo até desmanchar bem. Acrescentar a baunilha, vanila e o copo de leite.

Levar ao fogo e ferver até engrossar. Se for preciso, para obter consistência no recheio, acrescentar 1 colher de maisena diluída em igual quantidade de água antes de apagar o fogo. Aparecendo o fundo da panela, apagar o fogo e juntar o doce de leite *diet*.

SPA Salada de Frutas

Torta de Damasco

INGREDIENTES (6 porções)
1 maçã
2 laranjas-pêra
1/2 abacaxi pequeno
1/4 de melão
1 pêra
1 envelope de adoçante

MODO DE FAZER
Tirar as peles das laranjas sem desmanchar os gomos, cortá-las em pedaços e reservar.
Cortar o abacaxi e o melão em cubos e mantê-los separados.
Preparar a salada, colocando as frutas em camadas, na seguinte ordem:
- uma porção de melão;
- uma porção de abacaxi;
- uma porção de pêra e de maçã que só são descascadas e cortadas em cubos à medida que vão sendo usadas;
- uma porção de laranja, cobrindo a pêra e a maçã para que elas não escureçam.

Repetir esta seqüência até acabarem as frutas; salpicar com adoçante. Na hora de servir, dividir em 6 taças e cobrir com gelo picado.

INGREDIENTES (8 porções)
4 ovos
4 envelopes de adoçante
4 colheres de sopa rasas de farinha de trigo
1/2 colher de café de fermento em pó
Uma pitada de sal
1 colher de sopa de caldo de laranja

INGREDIENTES DA GELÉIA DE DAMASCO
150 gramas de damasco seco
2 colheres de sopa de frutose
1 colher de chá de stévia
1 colher de café de bicarbonato
1 colher de chá de maisena

INGREDIENTES DO DOCE DE LEITE
2 copos de leite desnatado
Uma pitada de bicarbonato
2 colheres de sopa de frutose
1 colher de café de maisena
1 colher de café rasa de baunilha

MODO DE FAZER
Untar 2 fôrmas iguais de 20cm e borrifar com farinha de trigo.
Separar as gemas, acrescentar metade do adoçante e o caldo de laranja, batendo até dobrar o volume.
Bater as claras em neve com a outra metade do adoçante, juntar as gemas batidas e continuar batendo.
Acrescentar a farinha, o fermento e o sal, peneirados juntos, e misturar, sem bater, até homogeneizar.
Despejar metade da massa em cada fôrma e levar ao forno brando (180º). Assim que assar, retirar da fôrma e deixar esfriar.

Torta de Ricota

Dividir **cada** bolo em 2, separando as metades de baixo, mais finas, que depois se juntam no meio da torta.

Arrumar a torta, obedecendo a seguinte seqüência:

- uma camada de bolo (uma das metades de cima);
- uma cobertura de geléia de damasco;
- uma fatia de bolo (uma das metades de baixo);
- uma cobertura de doce de leite;
- uma fatia de bolo (a outra metade de baixo);
- uma cobertura de geléia de damasco e, por fim, uma camada de bolo (a outra metade de cima).

Para preparar a geléia de damasco, deixá-lo de molho em água com bicarbonato de um dia para o outro.
Trocar a água e levar o damasco ao fogo com os adoçantes; deixar cozinhar até desmanchar. Bater no liquidificador e passar na peneira.
Em seguida, levar a geléia ao fogo com a maisena diluída em uma colher de água para ligar. Provar de doce e apagar o fogo. Se preciso, acrescentar 1/2 colher de chá de aspartame ou gotas de adoçante.
A sobra da geléia deve ser diluída com um pouco de água e gotas de adoçante para pincelar o bolo.
Para fazer o doce de leite, levar o leite com o bicarbonato e o adoçante ao fogo e deixar reduzir à metade.
Provar de doce, temperar com baunilha, acrescentar a maisena diluída e levar ao fogo novamente, até aparecer o fundo da panela.

INGREDIENTES (12 porções)

300 gramas de ricota
2 gemas
1 clara
1/2 vidro de leite de coco de baixo teor de gordura
1 xícara de leite condensado *diet*
1/2 copo de leite em pó desengordurado
2 colheres de sopa de frutose
1 colher de sopa de stévia
1 colher de chá de manteiga sem sal
1/2 xícara de água
Raspa de limão
Baunilha
20 gramas de passas

MODO DE FAZER

Preparar o leite condenado *diet*, colocando no liquidificador: o leite em pó, os adoçantes, a manteiga e a água; bater por 10 a 15 minutos até adquirir consistência.
Acrescentar os demais ingredientes, exceto as claras e as passas. Bater até obter a massa homogênea.
Despejar num vasilhame, acrescentar a clara em neve e misturar bem.
Colocar essa mistura em 12 forminhas de empada, sobre as quais são jogadas as passas, ligeiramente envoltas em maisena. Se preferir, colocar a massa numa fôrma de torta de 20cm de diâmetro. Levar ao forno médio (200°) para assar por 20 minutos. Não deixar corar.

*Agora que você já constatou a variedade e simplicidade das nossas receitas, consulte as diversas **tabelas** e planeje com cuidado a sua dieta.*

Tabelas de Calorias

CARNES, AVES, PESCADOS, OVOS E QUEIJOS			
Alimento	**Quantidade em gramas**	**Medidas caseiras**	**Calorias**
Atum enlatado	50	3 colheres (sopa)	144
Bacalhau	220	1 pedaço grande	170
Camarão fresco	150	3 de tamanho grande	121
Camarão fresco	150	1 prato (sobremesa)	121
Carne de porco (magra)	80	1 pedaço pequeno	155
Carne de vaca (média)	100	1 bife pequeno	238
Carne de vaca (média)	150	1 bife médio	357
Carne de vaca (muito magra)	100	1 bife pequeno	107
Carne-seca	60	1 pedaço de tamanho médio	190
Costeleta de porco	50	1 unidade	108
Dobradinha	100	1 pires (chá)	86
Fígado	75	1 bife de tamanho pequeno	97
Fígado	100	1 bife de tamanho médio	129
Fígado de frango	100	2 unidades	128
Frango	100	1 coxa e 1 antecoxa	96
Garoupa	100	1 filé médio	94
Garoupa	180	1 posta grande	170
Lagosta	170	1 média	150
Língua	80	1 pedaço médio	153
Língua	120	1 pedaço grande	230
Linguado	150	1 filé grande	130
Lula	100	5 de tamanho pequeno	79
Mortadela	15	1 fatia fina	46
Ostra	75	5 de tamanho grande	33
Ovo	100	2 unidades	144
Patê de fígado	5	1 colher (chá)	35
Pescada	170	2 filés médios	170
Pescadinha	170	1 de tamanho médio	170
Polvo	200	1 xícara (chá), picado	112
Presunto cozido	10	1 fatia fina	30
Presunto cozido	20	1 fatia média	60
Queijo branco fresco	40	1 fatia de tamanho médio	50
Requeijão	20	1 colher (sopa)	102
Ricota	15	1 colher (sopa)	14
Robalo	200	1 posta grande	188
Rosbife	100	4 fatias finas	200
Salame	25	5 rodelas finas	100
Salsicha	60	2 de tamanho médio	179
Sardinha enlatada em óleo	45	1 sardinha	140
Sardinha fresca	80	2 de tamanho médio	141
Siri	100	4 colheres (sopa)	93

CEREAIS, FECULENTOS, LEGUMINOSAS E FARINÁCEOS

Alimento	Quantidade em gramas	Medidas caseiras	Calorias
Arroz cozido	50	2 colheres (sopa)	61
Aveia	20	3 colheres (sopa) rasas	65
Batata-doce	80	1 de tamanho pequeno	97
Batata-inglesa	120	2 de tamanho pequeno	96
Bolacha salgada	15	3 bolachas	65
Cará	150	1 de tamanho médio	160
Ervilha seca	30	3 colheres (sopa) rasas	105
Farinha de mandioca	30	3 colheres (sopa) rasas	102
Feijão cozido	50	3 colheres (sopa)	53
Grão-de-bico cozido	40	2 colheres (sopa)	63
Inhame	50	1 de tamanho pequeno	54
Lentilha cozida	40	2 colheres (sopa)	47
Macarrão cozido	50	1/2 xícara (chá)	56
Maisena	25	2 colheres (sopa)	89
Mandioca	90	1 pedaço médio	124
Mandioquinha	80	1 de tamanho grande	83
Pão de centeio	30	1 fatia	76
Pão integral	30	1 fatia	70
Pão de fôrma	30	1 fatia	93
Pão de glúten	25	1 fatia	63
Pãozinho	50	1 unidade	155
Sagu	30	3 colheres (sopa) rasas	105
Torrada salgada	10	1 unidade de tamanho médio	31

BEBIDAS 100 ml

Alimento	Medidas caseiras	Calorias
Aguardente	2 doses	231
Conhaque	2 doses	249
Cerveja	1/2 copo	42
Licores	2 doses	342
Saquê	2 doses	134
Sidra	2 doses	50
Vinho	1/2 copo	85
Uísque	2 doses	240

tabelas

HORTALIÇAS			
Alimento	**Quantidade em gramas**	**Medidas caseiras**	**Calorias**
Abóbora	100	1 pires (chá), picada	30
Abobrinha	100	1 pires (chá), picada	28
Acelga	100	1 prato (sobremesa), picada	27
Agrião	50	1 prato (sobremesa) cheio	14
Agrião	100	1 prato (mesa) cheio	28
Aipo	100	3 talos grandes	22
Alcachofra	50	1 de tamanho médio	18
Alface	120	1 prato (mesa) cheio	18
Alho-poró	80	1 grande	46
Almeirão	150	1 prato (mesa), picado	37
Aspargo enlatado	120	1 prato (sobremesa), picado	24
Aspargo fresco	100	1 prato (sobremesa), picado	22
Berinjela	80	1/2 de tamanho médio	22
Beterraba	80	1 pequena	36
Brócolis	50	1 pires (café)	20
Brócolis	100	1 prato (sobremesa)	39
Cenoura	80	1 tamanho médio	34
Chicória	50	1 pires (café)	12
Chicória	100	1 prato (sobremesa)	25
Chuchu	100	1/2 de tamanho médio	36
Cogumelo	100	1 prato (sobremesa)	31
Couve (3 folhas)	100	3 folhas	30
Couve	100	1 prato (mesa), picada	30
Couve-de-bruxelas	100	1 prato (sobremesa)	50
Couve-flor	80	1 pires (chá)	26
Ervilha enlatada	60	3 colheres (sopa)	35
Ervilha fresca	30	2 colheres (sopa)	35
Espinafre	50	1 pires (chá)	15
Espinafre	100	1 prato (sobremesa)	30
Milho verde	40	1/2 espiga média	45
Milho verde	120	1 espiga grande	134
Nabo	50	1 de tamanho médio	14
Palmito enlatado	120	1 prato (sobremesa), picado	37
Pepino	150	1 pequeno	23
Pimentão	120	2 de tamanho médio	43
Quiabo	100	1 pires (chá), picado	42
Rabanete	100	5 de tamanho médio	24
Rábano	80	1 de tamanho médio	25
Repolho	80	1 prato (sobremesa), picado	26
Tomate	100	2 de tamanho médio	24
Vagem	80	1 pires (café), picada	29

DIVERSOS			
Alimento	Quantidade em gramas	Medidas caseiras	Calorias
Açúcar	15	1 colher (sopa)	60
Ameixa-preta	05	1 unidade média	12
Amêndoa	20	12 unidades sem casca	127
Avelã	20	10 unidades sem casca	138
Azeitona verde	10	3 unid. de tamanho peq.	25
Bacon	20	1 fatia fina	125
Cebola	40	1 pequena	18
Cebola	100	1 grande	46
Clara de ovo	35	1 unidade	17
Chocolate em pó (amargo)	12	1 colher (sopa)	44
Creme de leite	15	1 colher (sopa)	40
Geléia	20	1 colher (sopa)	50
Gema de ovo	15	1 unidade	50
Leite desnatado	200	1 copo	108
Leite integral	200	1 copo	131
Leite integral	250	1 copo até a borda	163
Limão	30	1 de tamanho médio	10
Maionese	20	1 colher (sopa)	90
Manteiga	05	1 colher (chá)	38
Manteiga	10	1 colher (sobremesa)	76
Manteiga	17	1 colher (sopa)	129
Margarina	05	1 colher (chá)	36
Margarina	10	1 colher (sobremesa)	73
Margarina	17	1 colher (sopa)	124
Mel	20	1 colher (sopa)	62
Noz	30	9 unidades sem casca	213
Óleo	04	1 colher (chá)	36
Óleo	06	1 colher (sobremesa)	54
Óleo	10	1 colher (sopa)	90
Pepino em conserva	75	4 de tamanho médio	40

FRUTAS		
Alimento	**Quantidade em gramas**	**Calorias**
Abacate	100	162
Abacaxi	100	52
Ameixa	100	47
Amora	100	53
Banana-prata	100	89
Caqui	100	78
Figo	100	62
Fruta-de-conde	100	96
Goiaba	100	69
Grapefruit	100	38
Jabuticaba	100	43
Laranja-da-baía	100	42
Limão	100	29
Lima-da-pérsia	100	32
Maçã	100	58
Mamão	100	32
Manga	100	59
Maracujá	100	90
Melão	100	25
Melancia	100	22
Morango	100	36
Pêra	100	56
Pêssego	100	43
Tangerina	100	43
Uva	100	68

tabelas

Tabela de Peso e Altura da *Metropolitan Life*						
HOMEM				**MULHER**		
Altura (cm)	**Estrutura Óssea**			**Altura (cm)**	**Estrutura Óssea**		
	Pequena	**Média**	**Grande**		**Pequena**	**Média**	**Grande**
157	58.2-60.9	59.5-64.1	62.7-68.2	147	46.4-50.5	49.5-55.0	53.6-59.5
160	59.1-61.8	60.5-65.0	63.6-69.5	149	46.8-51.4	50.5-55.9	54.5-60.9
162	60.0-62.7	61.4-65.9	64.5-70.9	152	47.3-52.3	51.4-57.3	55.5-62.3
165	60.9-63.6	62.3-67.3	65.5-72.7	154	48.2-53.6	52.3-58.6	56.8-63.6
167	61.8-64.5	63.2-68.6	66.4-74.5	157	49.1-55.0	53.6-60.0	58.2-65.0
170	62.7-65.9	64.5-70.0	67.7-76.4	160	50.5-56.4	55.0-61.4	59.5-66.8
172	63.6-67.3	65.9-71.4	69.1-78.2	162	51.8-57.7	56.4-62.7	60.9-68.6
175	64.5-68.6	67.3-72.7	70.5-80.0	165	53.2-59.1	57.7-64.1	62.3-70.5
177	65.5-70.0	68.6-74.1	71.8-81.8	167	54.5-60.5	59.1-65.5	63.6-72.3
180	66.4-71.4	70.0-75.5	73.2-83.6	170	55.9-61.8	60.5-66.8	65.0-74.1
182	67.7-72.7	71.4-77.3	74.5-85.5	172	57.3-63.2	61.8-68.2	66.4-75.9
185	69.1-74.5	72.7-79.1	76.4-87.3	175	58.6-64.5	63.2-69.5	67.7-77.3
187	70.5-76.4	74.5-80.9	78.2-89.5	177	60.0-65.9	64.5-70.9	69.1-78.6
190	71.8-78.2	75.9-82.7	80.0-91.8	180	61.4-67.3	65.9-72.3	70.5-80.0
193	73.6-80.0	77.7-85.0	82.3-94.1	182	62.7-68.6	67.3-73.6	71.8-81.4

tabelas

Este livro foi composto nas tipologias *Dutch 766*
em corpo 12/14 e *Zurich Condensed* em corpo
11/12 e impresso em papel Offset 90g/m² no
Sistema Cameron da Divisão Gráfica da
Distribuidora Record.